SUSTAINABLE FINANCE

サステナブル・ファイナンス

カーボンゼロ時代の新しい金融

太田康夫 日本経済新聞編集委員

日本経済新聞出版

はじめに

持続可能な金融を意味する「サステナブル・ファイナンス」が、世界を席巻している。目先の「利益」や「市場」などを重視してきた金融の在り方が、中長期の視点で「環境」や「社会」を優先する新しい価値観で見直され始めた。弱肉強食やむなしとする強者の論理は、弱い人も取り残さない包摂の論理にとって代わられつつある。金融は新しい時代を迎えようとしている。

新時代への対応は当初、自主的な取り組みに委ねられていた。しかし、対応を装うだけの金融機関も多いため、投資家や非政府組織（NGO）が銀行に変革圧力をかけている。

しかも、持続可能な社会を揺るがす温暖化が想定を超えるペースで進み、対応の国際的枠組みであるパリ協定では不十分なことが明らかになってきた。2021年11月の英国グラスゴーでの第26回国連気候変動枠組条約締約国会議（COP26）はより踏み込んだ規制色の強い対応を求め、金融面では気候変動を踏まえたグリーン・バーゼル規制が視野に入ろうとしている。

銀行や証券会社は経営を根本から転換するよう迫られ、お金の流れや市場の姿も大きく変わろうとしている。

変革の荒波は、日本を直撃する。持続可能な投資組織の共同体であるグローバル・サステナブル・インベストメント・アライアンスのまとめによると、2020年の日本の資産運用に占めるサステナブル投資の比率は24・3％と、日米欧、カナダ、オーストラリアの比較5地域中最低だ。英国のシンクタンク「Z／Yen」によると東京の金融市場競争力ランキングは世界で7位だが、グリーンやESGの要素を加えたグリーン金融センターとしての順位は13位にとどまっている。

新自由主義的政策からの転換を掲げる岸田文雄政権にとって、サステナブル・ファイナンスへの対応は喫緊の課題になる。

本書は、日本に変革を迫る新しい金融の正体を明らかにするものである。新しい金融の指針は何か、お金の流れはどうなるのか、規制はどういう形になるのか、銀行はどういう対応を迫られるのか、などをまとめた。古い金融に固執していると、落伍しかねないほど厳しい変化が待ち受けている。なお本文中の敬称は略させていただいた。

2021年10月

太田康夫

サステナブル・ファイナンス　目次

I　新しい銀行像の模索

第1章　浮かび上がる5つの指針

第2章　時代を開いた先駆者たち

II お金の流れを変えろ

第3章 タブーファイナンス
――問われる因習

第4章 サステナブル・ファイナンス——金融の新しい流儀

III 変わる枠組み、変わる銀行

第5章 公的機関・投資家が突き付けるサステナブル基準

第6章 グリーン・バーゼル規制の足音

第7章 銀行版「文化大革命」

IV　日本と邦銀の行方

第8章　再び遅れる日本

装丁・野網雄太

序章　変わる金融の価値観——激化する主導権争い

サステナブル・ファイナンスは、戦後築かれてきた金融秩序の見直しを迫っている。それは、銀行にとっても市場にとっても、これまでの勢力図を打ち破る好機でもある。新たな覇権争いの幕が切って落とされた。

1　サステナブル・ファイナンス時代の幕開け

危機が変えた金融の風景

サステナブル・ファイナンスは比較的新しい言葉で、日本では統一的な定義があるわけではない。国際的には気候変動を和らげるだけでなく、例えば生物多様性の保全、汚染防止などを含む幅広い「環境」、誰もが参加できる包摂、地域社会や人権重視を含む「社会」、不正を防ぐ管理構造、法外な役員報酬を防ぐ体制など「ガバナンス（統治）」を考慮した、持続可能な経済活動やプロジェクトへの投融資のプロセスを指すと理解されている。

１９８０年代から台頭した環境重視の**グリーン・ファイナンス**や、２０００年代から広がってきた貧しい人たちも含め幅広い層に金融手段の提供を目指す**インクルーシブ・ファイナンス**、環境（Ｅ）と社会（Ｓ）とガバナンス（Ｇ）が優れた企業への資金供給を促すいわゆる**「ＥＳＧ」投資**など、より良い社会や生活を支援するさまざまな金融の流れは、このサステナブル・ファイナンスの一環として捉えられる。

この潮流が強まるきっかけは、２００７年から08年にかけて世界を揺るがした金融危機だった。利益を最優先する銀行が、信用力の低い個人向けに当初２、３年だけは利払いが少ない住宅ローンを、十分な説明もしないで販売し大きな利益を得たが、その後、利払いが増えると借りた人々は返済ができなくなり、住宅を取り上げられ路頭に迷った。住宅価格の上昇を見込んでいた貸し手の銀行は、担保の住宅を売って儲ける算段だったが、住宅価格が下がったため目論見通り売れず、赤字を出したり、経営破綻に追い込まれたりした。

利益の指標として重視される自己資本利益率（ＲＯＥ）で20％という高水準を目指す銀行経営が、人々の生活を融資で支えるという社会的責任を捻《ね》じ曲げ、人を欺いても儲かればいいというゆがんだ銀行文化を生み出していた。そして、それが行き詰まって、米大手証券会社リーマン・ブラザーズの破綻に象徴される国際金融危機を招い

グリーン・ファイナンス
環境問題や気候問題にコミットする金融全般を指す。調達資金の使途をグリーン・プロジェクトに限るグリーン・ボンドや、グリーン・プロジェクトに貸し付けるグリーン・ローン、環境プロジェクトに資金を拠出するグリーン・ファンドなどがある。投融資や出資の対象としては、再生可能エネルギーのプロジェクトや、輸送関連の脱炭素化の取り組み向けが多い。

インクルーシブ・ファイナンス
すべての人々を包み込むという意味の包摂を意識した金融活動のこと。貧しい人々の自立を促すための融資や、すべての人が金融サービスにアクセスできるようにする活動などを指す。

たのだ。

監督当局は、銀行を潰れにくくするため、経営を守る資本を多く積ませるように自己資本規制を強化したが、それだけでは不十分なのは明らかだった。経営者を過激なリスクテークに走らせた利益最重視の理念を変えないと、金融は安定を取り戻せない。そこで、銀行文化を変えようとする試みが始まる。

パリ協定と国連ＳＤＧｓの重み

キーワードは「サステナビリティ（持続可能性）」だった。銀行の経営者をゆがめていたのは、巨額の報酬にありつきたいという強欲に加えて、決算の度に極端に高い利益と配当を求める市場からの圧力だった。短期的に高い利益を確保することだけが優先された結果、顧客を踏み台にしたり、犠牲にしたりして儲けようとする文化が広がった。

地球温暖化の影響と見られる大規模な山林火災や大洪水が世界で相次いでいたにもかかわらず、銀行は高い利益が得られると見れば温暖化を悪化させかねない石炭火力発電や、熱帯雨林の大規模伐採を伴う事業に資金を貸し込んでいった。

それを変えるには、より長期的な視点で銀行の行動を改める必要があり、個々の投融資を持続可能性があるかどうかという基準で見直すことになったのだ。

ＥＳＧ
持続可能な金融を実現するために、必要とされる環境（Ｅ）、社会（Ｓ）、ガバナンス（Ｇ）の３つの要素を表す。企業活動や投資行動がＥＳＧに配慮することが長期的な成長を支える基盤になると考えられている。そのため企業のＥＳＧ対応を投資の際の銘柄などの選別の基準に取り入れる傾向が強まっている。

新しい基準づくりは簡単ではなかったが、2015年に輪郭が浮かび上がる。この年、国連は「持続可能な開発目標」を採択し、「貧困をなくそう」「働きがいも経済成長も」といった17の目標を示した（表1）。さらに、気候変動対応の国際的な枠組みとして「パリ協定」が結ばれ、目標として温暖化ガスの排出量を実質ゼロに抑える「ネット・ゼロ」が掲げられた。

国や企業がそれらの目標達成に向けて取り組むことになるが、実現には資金の流れからも後押しする必要があることがコンセンサスとなっていく。

お金の流れを持続可能な経済に動員するため、世界の主要国の集まりであるG20は、パリ協定締結後初めてとなる2016年の中国・杭州サミットで、グリーン・ファイナンス研究グループ（GFSG）を設けた。18年には、それを気候変動だけでなく持続可能性も扱う**サステナブル・ファイナンス研究グループ（SFSG）**に改組。21年4月にはそのSFSGを政策調整も担う組織に格上げした。

表1　国連のSDGsの17の目標

1	貧困をなくそう
2	飢餓をゼロに
3	すべての人に健康と福祉を
4	質の高い教育をみんなに
5	ジェンダー平等を実現しよう
6	安全な水とトイレを世界中に
7	エネルギーをみんなにそしてクリーンに
8	働きがいも経済成長も
9	産業と技術革新の基盤をつくろう
10	人や国の不平等をなくそう
11	住み続けられるまちづくりを
12	つくる責任つかう責任
13	気候変動に具体的な対策を
14	海の豊かさを守ろう
15	陸の豊かさも守ろう
16	平和と公正をすべての人に
17	パートナーシップで目標を達成しよう

サステナブル・ファイナンススタディ・グループ（グリーン・ファイナンス・スタディ・グループ）

G20議長国のイタリアは「このグループは、持続可能な金融を動員するための国際的な取り組みを調整する中心となる。これは、グローバルなグリーンで持続可能な回復を達成するために不可欠であり、金融システムをパリ協定とSDGsに整合させるために必要な政策変更を推進するのに役立つ長期的なG20アジェンダの開発を可能にする」と強調している。

変わるゲームのルール——転換迫られる銀行経営

金融はどう変わろうとしているのか。

お金の流れは、新しい価値観に沿って変えられることになる。すでに持続可能な社会に逆行する大量破壊兵器の製造会社や麻薬組織への融資はタブーとされているが、その範囲は人権無視や環境破壊に広がろうとしている。その一方でパリ協定の実現を後押しするような融資は、サステナブルな融資として推奨されるようになっている。

銀行は融資行動を、新しい価値観に合うように改めねばならない。融資の際に、銀行が儲かるかどうかだけでなく、社会や地域の繁栄につながるかどうかも問われる。例えば電気事業法によって守られた電力会社向け融資は銀行にとって安定収益源として重要だったが、温暖化ガスを排出する石炭火力発電向け融資は認められなくなりつつある。

2015年12月に中国・三亜で開いたG20財務相・中央銀行総裁会議で設立が決まった、グリーン・ファイナンスの研究組織。中国人民銀行とイングランド銀行が共同議長、国連環境計画が事務局を務め、16年の杭州G20に「グリーンファイナンス総合レポート」を提出した。18年にG20サステナブルファイナンス・スタディグループ（SFSG）に改組し、対象をサステナビリティ全般に拡大。21年には研究グループからワーキンググループに昇格させて再設置し、持続可能な金融問題の調整なども担うことになった。

変化を求める圧力は強まっている。石炭火力発電向け融資を続ける銀行の株主総会には、環境NGO（非政府組織）が乗り込み、融資停止の圧力をかけている。環境や人権を重視する投資家が、パリ協定の目標達成に消極的な企業や銀行を洗い出し、その株式や社債を投資の対象から外す動きを強めている。新しい規律を守らなければ、企業や銀行の経営が脅かされかねない時代が迫っている。

当局による監視の目は厳しくなる。気温が2℃上がって自然環境が大きく変わったときに、温暖化ガスを多く排出する企業の経営が揺らいだり、洪水で低地に立地する企業の存続が脅かされたりすれば、そうした企業向け融資をかかえる銀行の経営も圧迫される。金利が2％上がったときに耐えられるかどうかを調べる**ストレス・テスト（健全性検査）**の手法で、気温が2℃上がったときに耐えられるかどうかが検証されることになる。

さらに、銀行をサステナブル・ファイナンスに舵を切らせるための規制が検討されている。銀行にはこれまでの取引のしがらみがあり、タブーとされるファイナンスも簡単には止められない。しかし、それではパリ協定の目標は逃げ水のようなものになりかねないので、銀行に義務として取り組ませようというわけだ。かつて銀行に一定の自己資本比率を義務付けたように、グリーンやサステナブルの指標で最低基準の達成を求めるグリーン・バーゼル規制が視野に入りつつある。

ストレス・テスト（健全性検査）
想定外の事態が起きたときに、企業、国や施設が健全性を保てるかどうかを調べる健全性検査。電気製品に高い電圧がかかったり、原子力発電所が重大事故に見舞われたときを想定して実施される。金融では金利が2％上がるなど異常な事態が起きたときに、銀行経営や投資ポートフォリオが受け

銀行経営は難しさを増す。これまでは経営の安定を担保する「資本力」と、成長の指標である「収益力」が、重視された。そこに、第3の軸として「サステナビリティ」が加わり、3軸経営を求められる。

そこでは自らの財務だけでなく、従業員や顧客、地域や社会にまで目配りしなければならない。しかも、目先だけでなく長期でも、経済効率、繁栄、経済競争力を確保しなければならない。金融はゲームのルールが変わり、銀行は新しい時代に対応できるかどうかが問われることになる。

2 環境金融でも覇権維持狙う英国

切り札チャールズの登場——BREXITを超えて

「持続可能な市場は、新しいシステムの枠組みを提供する。市場はより高い使命を帯び、人と地球をグローバルな価値創造の中心に据える。それは、自然資本、社会資本、人的資本、金融資本のバランスを通じて長期的な価値を生み出す。私たちの現在の軌道を変えるには、大胆で想像力豊かな行動が必要になる」

市場主義、成長加速、グローバリゼーションなどの旗振り役を演じてきた世界経済フォーラム（WEF）が2020年に開いたダボス会議で、目指す方向性を変える必

る損失を予測して、それに耐えられるかどうかを調べる検査手法として活用されている。

要があると訴えたのは英国の皇太子、ウェールズ公チャールズだった。

1970年代からプラスチックごみの環境への悪影響に警鐘を鳴らすなど、環境問題に取り組んできたことで知られているチャールズは、世界が目指す方向を変えるための「**持続可能な市場イニシアチブ（SMI）**」を発表し、「ビジネスモデル、分析、意思決定、行動の中心に持続可能性を置く」「持続可能な市場のレンズを通して産業を考え直す」「経済の原動力として自然に投資する」――など10の行動プランを打ち出した。

そしてSMIは金融業界の専門グループとして、**金融サービス・タスクフォース（FSTF）**を設けた。チャールズの威力は絶大で、タスクフォースにはHSBC、バークレイズ、スタンダード・チャータードといった英国の有力金融機関のCEOが顔をそろえたほか、フランスのBNPパリバ、米国のバンク・オブ・アメリカなど世界の大手金融機関のCEOも入っている。会長にはHSBCのCEOであるノエル・クインが就任した。

FSTFは3つの目標を掲げている。

1つ目は、**ネット・ゼロの炭素排出量**。銀行がそれを達成するための融資などにおける業界のベスト・プラクティスを打ち立て、ネット・ゼロ経済への移行を加速することを目指す。

持続可能な市場イニシアチブ（SMI）
英皇太子チャールズによって2020年に開始された持続可能な未来と世界の進歩を目指す市場、経済体制構築への取り組み。「自然に投資する」など10項目の目標に向けて、企業のビジネスモデルの劇的な変化、金融システムの調整、投資マネーの呼び込みなどを促している。目標達成に向け、炭素回収・使用・保管、金融業務、水素、保険、持続可能性、水などに関する作業部会が設けられている。

金融サービス・タスクフォース（FSTF）
持続可能な市場イニシアチブ（SMI）の一環として設けられた金融サービス業界の作業部会。HSBC、バンク・オブ・

2つ目は、持続可能なインフラ事業への民間投資の流れの加速。世界中の持続可能な金融プロジェクトへの投資の拡大を支援する。

3つ目は、**気候ソリューション**。炭素クレジットの市場の支援などを通じて、世界的なあらゆる形態の排出削減に向けた資本の流れを加速する。

EU（欧州連合）からの離脱（BREXIT）を決めた英国の首都ロンドンの、EUの玄関口としての位置付けは著しく低下していた。パリ協定にもとづく新しい経済社会の枠組みづくりで主導権争いが繰り広げられるなか、フランクフルト、アムステルダム、パリなどが好機到来と金融機関誘致に力を入れている。落日色が濃くなった英国が、チャールズを担いで巻き返しに動き出したのだ。

狙うはグラスゴー体制――COP26延期を逆手に攻勢

チャールズの基調講演は、2020年秋に英国のグラスゴーで予定されていた**第26回国連気候変動枠組条約締約国会議**（COP26）をにらんだものだった。コロナ禍でCOP26は21年に延期されたが、延期は英国に追い風となった。

2020年秋に開かれていれば、大統領ドナルド・トランプのもとパリ協定を離脱した米国の本格的な協力は期待薄で、影響力は限られる。しかし、20年に実施された米国の大統領選挙でジョー・バイデンが当選し、パリ協定に復帰した。COP26は復

アメリカなど世界の有力金融機関の代表12人で構成し、ネット・ゼロの炭素排出量達成のための業界のベスト・プラクティスの推進、持続可能なインフラへの投資促進、炭素排出権を取引する市場の発展などに取り組んでいる。

ネット・ゼロの炭素排出量
気候変動に関する国際枠組み、パリ協定で示された環境分野の長期目標。二酸化炭素（温暖化ガス）の排出量をゼロにすることはできないため、排出量から森林などによる吸収量と、回収・貯留による除去量を除いた正味（ネット）排出量をゼロとすること。カーボン・ニュートラルとも呼ばれる。パリ協定は2050年以降のなるべく早い時

帰した米国を迎える初めての会議となり、格段に重みが増す。

しかも、2021年は英国が主要7カ国（G7）サミットで議長国を務めることになっており、英国が議論の主導権を握りやすかった。実際、21年6月に南西部のコーンウォールで開いたG7サミットで、首相のボリス・ジョンソンが発表した首脳声明は「我々は、ネット・ゼロへの移行を奨励するために、民間資金向けの必要な市場基盤の構築にコミットする。世界的にグリーンな金融市場を発展させ、民間部門の資金の動員を助け、ネット・ゼロを達成するための政府の政策を強化する。我々は最近立ち上げられた『**グラスゴー・ネット・ゼロ金融連合（GFANZ）**』を支持し、実体経済における排出を削減するという彼らのコミットメントの迅速で強固な履行を求める」と強調した。

ジョンソンが首脳声明に盛り込むことに成功したGFANZこそ、環境に関する金融分野での英国の巻き返し策に他ならない。6月のサミットに先立つ4月、前イングランド銀行総裁で、その後、COP26の英首相の財務顧問と、気候変動対策と財務に関する国連特別特使を務めていたマーク・カーニーが、GFANZを立ち上げると表明。160以上の大手金融会社を結集し、50年までに世界経済のネット・ゼロ排出への移行を拡大、深化、加速することを目標として掲げた。

GFANZでは、署名金融機関は、正味ゼロ排出量に到達するために、科学にもと

期の達成を掲げたが、日本を含む多くの国や企業が50年の達成目標として目指している。ネット・ゼロが達成された状態は、脱炭素社会と呼ばれる。

気候ソリューション
温暖化を防止するための、気候変動対策を指す。国や企業レベルの温暖化ガスの排出削減のための再生エネルギー利用拡大、電気自動車の普及促進などに加え、グリーン・ボンドの拡大、排出権取引の促進など金融面での取り組みも含む、広い概念を表す用語として使われることが多い。

COP26（第26回国連気候変動枠組条約締約国会議）
1995年から毎年開かれている気候変動の国際的枠組みを協議する最高

づく2030年までの暫定目標と、50年までの長期目標と行動計画の設定が求められる。GFANZは今後の取り組みの一つに「戦略的および技術的調整のためのフォーラムを提供する」「移行計画を主導する際の金融セクターの集合的な取り組みと成果を紹介する」ことを掲げている。

関係者は「金融システムのメンバー（銀行、資産所有者など）を集めて、イニシアチブを調整し、ネット・ゼロに移行する際の一貫性、結束、および戦略的方向性を提供する」としており、2050年に向けて金融機関の調整の中心に陣取り、主導的な役割を担おうとしているのだ。

GFANZが英国の思惑通りパリ協定の金融面でのリード役を担えるかどうかは、いかに多くの金融機関を糾合できるかどうかにかかっていた。

ここでも英国は手を打っていた。GFANZを創設するに当たり、創設メンバーの一つとして、**国連環境計画・金融イニシアチブ（UNEP FI）**とチャールズが呼びかけた持続可能な市場イニシアチブSMIのFSTF（金融サービスタスクフォース）と共同で、「**ネット・ゼロ・バンキング・アライアンス（NZBA）**」というイニシアチブも同時に創設している。

NZBAには23カ国から43の金融機関が創設メンバーとして参加し、銀行セクターの気候変動への取り組みをパリ協定の目標に合わせることを打ち出している。具体的

意思決定機関としての会議の26回目の会合を指す。20年11月に英国のグラスゴーで開催予定だったが、コロナウイルスの感染拡大の影響で21年11月に延期された。パリ協定で長期目標として示されたネット・ゼロに向けて、30年の削減目標設定などを話し合う。

グラスゴー・ネット・ゼロ金融連合（GFANZ）
英国、米国、国連などが2021年に設けた、気候変動に対応するさまざまな取り組みを調整する戦略プラットフォーム。取り組みを調整し、ネット・ゼロに移行する際の一貫性、結束、および戦略的方向性を提供する。議長は英国の国連気候変動特使である前イングランド銀行総裁のマーク・カーニー。パリ協定の目

な取り組みとして、「貸し付けと投資を、２０５０年までに排出量ゼロへの経路に合わせる」「２０３０年と２０５０年の目標を設定し、30年以降は5年ごとの中間目標も設ける」「30年の最初の目標では、炭素集約型セクターに焦点を合わせる」「石炭、石油、ガス、運輸など、炭素を大量に消費するセクターに消費レベル目標を設定する」「クライアントの脱炭素化に取り組む」「進捗状況を報告する」などを挙げている。

チャールズの呼びかけを機に、英国がＧＦＡＮＺとＮＺＢＡという仕組みを動かし始めたのだ。それはＥＵの玄関口から、サステナブル・ファイナンスの玄関口へと看板を架け替えながら、シティが新しい世界でも金融取引の中心に君臨し続けるための賭けでもある。

3　パリ体制しかけた中国のグリーン金融

杭州G20議長国のメンツ――民間が担うグリーン・ファイナンスの道筋示す

実はパリ協定を受けて、積極的に動き始めたのは中国だった。中国は、石炭火力発電の世界シェアが約50％の世界最大の温暖化ガス排出国である。かつて秋の澄んだ青空が有名だった北京はスモッグでけむり、大気汚染の程度を示すＰＭ２・５が極端に高い数値を記録していた。

標を達成するために必要な数兆ドルの資金を動員することを目指している。

国連環境計画（ＵＮＥＰ）　１９７２年に国連人間環境会議（ストックホルム）で採択された人間環境宣言、環境国際行動計画を実施するために設けられた、国連の機関。気候変動、災害・紛争、生態系管理、環境ガバナンス、化学物質・廃棄物、資源効率性、環境レビューの分野で、環境政策の調整、環境面の国際協力、途上国の環境支援などを実施している。本部はケニア・ナイロビ。

国連環境計画・金融イニシアチブ（ＵＮＥＰ　ＦＩ）　国連環境計画（ＵＮＥＰ）が持続可能な開発に向けて民間資金を動員するた

京都議定書以降も中国は、先進国はいまでは排出量が減っているとはいえ、これまで環境を汚染してきたいきさつがあると主張し、新興国を同列に扱うことに反対してきた。気候変動対策については消極的と見られていた中国だが、突如、積極姿勢に転じたのだ。背景には、2016年にG20サミットの議長国を務めるメンツがあったと見られている。

パリ協定が結ばれた2015年12月に中国・三亜で開いたG20財務相・中央銀行総裁会議が、「グリーン・ファイナンス・スタディグループ(GFSG)」を設けている。開催国の中国が、翌年杭州で開くG20サミットに向けて気候変動問題への対応を検討する場として設立を働きかけ、中国人民銀行とイングランド銀行を共同議長に、国連環境計画(UNEP)を事務局にして、設けたのだ。

スタディグループは北京、ロンドン、ワシントン、厦門でG20の代表が集まり、その結果をG20グリーン・ファイナンス総合リポートとして、G20杭州サミットに提出した。まとめたのは人民銀行のエコノミストの馬駿、イングランド銀行のマイケル・シェレン、UNEPのサイモン・ツァデックである。

報告書は、グリーン・ファイナンスには「環境的外部性の内生化における困難」などさまざまな課題があることを認めたうえで、課題克服のための7つの対応策を示している。

め1992年に組織した、世界の金融部門とのパートナーシップ。銀行、保険会社、投資家など400以上の機関が参加。人々と地球にプラスの影響を与えながらサービスを提供する金融セクターの構築を支援することを目指し、投資家向けの責任投資原則(PRI)、保険向けの持続可能な保険の原則(PSI)などの枠組みを設けている。本部はスイス・ジュネーブ。

ネット・ゼロ・バンキング・アライアンス(NZBA)
ネット・ゼロ社会の達成を目指すため、国連が呼びかけ、43の銀行が設立に加わった業界組織。投融資先から生じる温暖化ガスを、2050年にカーボン・ニュートラルがその内容は、①投資家に対して明確な環境および経済政策とフレームワークを提示する、②グリーン・ファイナンスの運用に関する自主的ガイドラインを推進する、③金融機関の能力向上のための国際的なネットワークを広げていく、④各国内の**グリーン・ボンド**市場活性化のため情報収集や知識共有などを支援する、⑤クロスボーダーのグリーン・ボンド投資の活性化のため支援を行う、⑥金融セクターの環境金融リスクの認識や知見の共有を支援する、⑦グリーン・ファイナンスの指標や定義を明確化していく——で、政府や国際機関が担い手だと思われていたグリーン・ファイナンスを、民間の金融機関が中心となって担うべきだという考えを示したのが大きな特徴である。

このリポートが報告されたG20杭州サミットは、首脳宣言で「環境的に持続可能な成長を世界的に支えるためには、グリーン資金を拡大することが必要なことを認識している。（中略）我々は明確な戦略的政策のシグナル及び枠組みを提供し、グリーン資金のための自発的な原則を促進し、能力構築のための学習ネットワークを拡大し、ローカルなグリーン債券市場の発展を支持し、グリーン債券への国境を越えた投資を円滑化するための国際協調を促進し、環境及び金融のリスクの知識の共有を促進及び円滑化し、グリーン資金の活動及び影響の測定方法を改善するために努力が払われるべきであると確認する」と強調した。

実現できるように整合させ、気温上昇を1・5℃以内（産業革命時対比）に抑えることを目指す。21年4月設立と同時に、グラスゴー・ネット・ゼロ金融連合にも加盟した。参加銀行はその後、50を超え、その資産総額は37兆ドルにのぼっている。

——

グリーン・ボンド
調達した資金を環境や気候にプラスになる目的に限って使う債券。欧州投資銀行が2007年に発行した「気候問題への認知度を高めるための債券」がはじめとされ、発行が急増している。14年に国際資本市場協会（ICMA）が要件を定めたグリーン・ボンド原則をつくった。国際的には定義にばらつきがあるため、欧州連合（EU）は共通基準を設けることで、発行

気候変動対策で日本より存在感

主要国はG7やG20を開くと、それを国際的な発言権強化のきっかけにしようとする。古くはアルシュ・サミットで資金洗浄（マネーロンダリング）対応強化をまとめ上げた議長国フランスが、その実施機関として新設するマネーロンダリングに関する「金融活動作業部会（FATF）」をパリに誘致した例がある。2016年はG7サミットを開いた日本の安倍晋三政権が開催地の三重県・伊勢志摩を観光目的地としてPRすることに力を入れたのに対して、G20サミットを開いた中国は、自ら主導して初めてG20首脳宣言にグリーン・ファイナンスへの対応を盛り込み、外交戦略力の水準の違いを見せつけた。

石炭火力発電依存が高い中国は気候変動対応では厳しい状況だけに、対応を進めようとする取り組みは真剣で、この問題に主導的に取り組む立場をアピールすることに成功したと言える。アジアではそれまで京都議定書をまとめた日本がこの分野でフロントランナーと見られていたが、杭州G20を機にその座を中国に奪われた。

後述するフランス中銀が事務局を務める「**気候変動リスクに係る金融当局ネットワーク（NGFS）**」でも、中国人民銀行はシンガポール通貨庁とともにアジアから設立メンバーに加わっている。パリ協定を受けた金融当局の協調のネットワークの創設促進を目指している。

気候変動リスクに係る金融当局ネットワーク（NGFS）
2017年12月のパリのワン・プラネット・サミットで設立に合意した気候変動リスクなどに関する金融当局のネットワーク。パリ協定達成のため、グリーンおよび低炭素投資のための資本を動員することを目的としている。設立メンバーはフランス、オランダ、ドイツ、英国、メキシコ、中国の中央銀行とシンガポール通貨庁、スウェーデン金融庁。21年6月末時点で世界の95機関が加盟している。事務局はフランス中央銀行が務めている。

メンバーに、アジアから日本の金融庁や日本銀行ではなく、中国人民銀行が加わったのは、中国の気候変動対策が一定の評価を勝ち得ていたことの証に他ならない。

そして中国は2020年、大きな一歩を踏み出した。コロナ禍で国連気候変動枠組条約締約国会議（COP26）の開催が21年に延期されるなか、国連総会で国家主席の習近平が、「我々はCO_2排出量を2030年までに減少に転じさせ、60年までに**カーボン・ニュートラル**を目指す」と述べ、CO_2排出量削減計画を打ち出したのだ。

中国はそれまで、2030年までのCO_2排出量の削減には言及してきたが、それ以降の長期的な目標にはコミットしてこなかった。**パリ協定**にとって離脱を公言してきたトランプの米国と、世界最大のCO_2排出国である中国は、目標達成に向けた障壁になっていたが、中国が姿勢を転換させ、この分野での主役に躍り出たと言える。

4　環境で先進性競う独仏　挽回目指す米国

パリ協定の「地の利」生かす環境首都戦略――フランスがおさえた中銀協調の事務局

「これは歴史の転換点だ」。2015年12月12日、パリ。第21回国連気候変動枠組条約締約国会議（COP21）で議長を務めた仏外相のローラン・ファビウスは、高揚感を抑えきれなかった。

カーボン・ニュートラル
環境関連の用語で、日本語では炭素中立と呼ばれてきた。もともとは、植物・植物由来の燃料を燃やして二酸化炭素が発生しても、その植物が成長時に二酸化炭素を吸収してきたため、植物のライフサイクルを通してみると、大気中の二酸化炭素を増やさず、排出量の（発生と吸収の）収支はゼロになるという考え方。近年では、国や企業などの二酸化炭素の排出量と吸収量のバランスがとれている状態を指す言葉として使われている。

パリ協定
2015年12月にパリで開かれた第21回国連気候変動枠組条約締約国会議（COP21）で参加約200カ国が合意した。20年以降の地球温暖化対策会議は先進国から途上国まで世界の約200カ国が、世界の平均気温上昇を産業革命前と比べ、2℃より低く抑え、1・5℃に抑える努力をすることを目指す国際的な枠組みである「パリ協定」で合意。そして、なるべく早い時期に世界全体の温室効果ガス排出量を実質的にゼロにする「ネット・ゼロ（脱炭素化）」を長期目標として掲げた。

気候変動への対応策としては1997年に京都市の宝が池で開いた第3回国連気候変動枠組条約締約国会議（COP3）で、先進国に温室効果ガスを2008年から12年の間に、1990年比で約5％削減することで合意した「**京都議定書**」を採択した。温室効果ガス削減を盛り込んだ世界初の取り決めだったが、義務が課されたのは先進国だけ。それに対しパリ協定は、先進国だけでなく新興国も巻き込んだ全世界的な取り組みで、フランスが新しい経済社会の基盤をまとめ上げたのだ。

しかし、新しい体制は、順風満帆とはいかなかった。翌2016年に実施された米国大統領選挙で共和党のドナルド・トランプが当選する。気候変動の脅威を軽視するトランプはパリ協定を疑問視し、離脱の意向を表明し、実際に20年11月に離脱した。しかも、前述したようにパリ協定を受けた金融分野での取り組みで、中国が存在感を示していた。

協定をまとめたフランスは、巻き返しに出る。2017年12月に協定2周年を記念

の枠組み。世界の平均気温上昇を産業革命前と比べ2℃低く抑えることを目標、1・5℃低く抑えることを努力目標とし、21世紀後半に世界の温室効果ガス排出量を実質的にゼロにする「脱炭素化」を目指している。先進国だけでなく、新興国も含めた世界初の気候変動対策の国際条約で、16年11月に発効した。

京都議定書
1997年12月に、京都市で開かれた第3回国連気候変動枠組条約締約国会議（COP3）で採択された気候変動に関する世界初の国際的な取り決め。先進国の温暖化ガス排出量を2008年から12年の間に、1990年比で約5％削減することを求めている。基準年対比の削減率は日本が6％、

し、協定のモメンタムを維持するためとして国連、世界銀行と共催で気候変動サミット（ワン・プラネット・サミット）を開催した。

サミットでフランスは気候変動対策で、金融面での主導権確保に布石した。気候変動対策に欠かせない気候資金の動員が焦点になり、対応策の一環として8つの中央銀行と監督当局が「気候変動リスクに係る金融当局ネットワーク（NGFS）」を設立した。

設立メンバーはフランス中銀、イングランド銀行、ドイツ連銀、オランダ中銀、スウェーデン金融監督庁、メキシコ中銀、中国人民銀行、シンガポール金融監督庁の8機関で、事務局はフランス中銀が務めることになった。

ネットワークの議長には、オランダ中銀の理事のフランク・エルダーソンが就任し、金融セクターにおける環境・気候リスク管理の発展や、持続可能な経済への移行を金融面から支援する活動に乗り出した。

フランスがパリ協定締結の地の利を生かして、環境金融協調の主役に躍り出たのだ。それまで金融協調は米国の国際通貨基金（IMF）、スイスの国際決済銀行（BIS）、世界最大の金融センターであるロンドンが中心だったが、新しい時代の金融の国際協調の場はこれまでとは違うというデモンストレーションでもあった。

最大の金融市場を擁する英国は2016年の国民投票でEUからの離脱を選択し、

米国が7％、欧州連合は8％とされた。新興国は加わっていないほか、米国、オーストラリアも離脱したが、2005年に発効している。

実際に20年に正式離脱する。ロンドンの国際金融市場としての重要性が低下する一方、ロンドンに代わるEUの金融センター育成が課題になっていた。フランスは、その千載一遇のチャンスを生かそうとしたのだ。

このフランスの試みは、世界の中央銀行から幅広い支持を取り付ける。日本からは2018年6月に金融庁が、19年11月に日銀が参加し、21年6月時点で、世界の92機関が加盟するネットワークになった。中央銀行や銀行監督協調はスイスのバーゼルを舞台に展開されてきたが、環境についてはパリが中核の一つになっている。

ドイツ主導でグリーン・ディール──「ECB総裁よりEC委員長」のメルケル戦略

パリ協定を受けて、EUも動き始めた。2016年12月にサステナブル・ファイナンスについて検討するハイレベル専門家グループ（HLEG）を設置した。18年1月には報告書をまとめ、「サステナブルとは何か」を明確にする「サステナビリティ・タクソノミー」の策定、サステナビリティに関する投資家の義務の明確化、個人投資家への浸透、EUグリーン・ボンド基準の策定などを提言した。

それを受けて同年3月に「サステナブル・ファイナンスに関する行動計画」を策定し、「持続可能かつインクルーシブ（包括的）な成長を遂げるため、資本の流れを持続可能な投資に向けさせる」「気候変動、環境劣化および社会的課題に起因する金融リスクをコントロールする」「財務および経済活動において、透明性と長期的視野を育む」の3つを目標として掲げた。

　この実行段階に差し掛かるなかで、ドイツが主導権を握ることになる。もともとドイツは金融で欧州をリードすることを狙っていた。欧州中央銀行（ＥＣＢ）の設立に当たって本部をフランクフルトに誘致したが、総裁は元オランダ中銀総裁のウィム・ドイセンベルクに任せ、その後は、元フランス中銀総裁のクロード・トリシェ、元イタリア中銀総裁のマリオ・ドラギが、その地位を襲う。欧州の金融盟主を自任するドイツは、２０１９年11月に就任する次期総裁はドイツ連邦銀行からとの思いは強かったが、ドラギの後任に選ばれたのはフランスの経済・財政・産業相やＩＭＦの専務理事を歴任したクリスティーヌ・ラガルドだった。

　これはドイツの首相アンゲラ・メルケルの戦術だったと見られている。２０１９年12月には**欧州委員会（ＥＣ）**委員長の交代が予定されていた。ＥＣ委員長は近年、ポルトガルの元首相マニュエル・バローゾ、ルクセンブルクの元首相クロード・ユンケルなど調整役の小国出身者が務めており、ドイツはＥＣ設立当初の西ドイツのヴァルター・ハルシュタイン以降、委員長を出していなかった。

　ＥＵの要職は各国のバランスに配慮して決められるため、メルケルはＥＣＢでフランスに譲歩し、ＥＣ委員長にメルケル政権下で国防相など閣僚を歴任してきたウルズ

欧州委員会（ＥＣ）
１９５８年のローマ条約にもとづき設立された欧州経済共同体の執行機関である欧州委員会が起源。欧州連合（ＥＵ）設立後は、法案の提出権を持ち、予算の執行を担う執行機関と位置付けられている。加盟国が1人ずつ指名する合計27人の欧州委員による合議体で、委員長は欧州理事会が指名、欧州議会が任命する。拠点はベルギー・ブリュッセル。

欧州グリーン・ディール
欧州委員会（ＥＣ）が２０１９年12月に打ち出した、50年に欧州連合（ＥＵ）の温室効果ガス排出量の実質ゼロ達成を目指す成長戦略。欧州気候法

ラ・フォン・デア・ライエンをつけることに成功したのだ。

フォン・デア・ライエン体制になった欧州委員会は2019年12月、50年までに欧州が世界に先駆けて気候中立を達成することを目指した包括的な政策案「**欧州グリーン・ディール**」を発表した。同委員会は、気候中立目標を法制化すべく100日以内に**欧州気候法案**を提示し、30年までの温室効果ガス削減目標を引き上げるための作業に着手するとしている。同時に、これらの目標を達成するうえで年2600億ユーロの追加投資が必要と試算し、持続可能な投資計画やグリーン・ファイナンス戦略といった資金調達手段も示した。

フォン・デア・ライエンは「欧州グリーン・ディールは、欧州の新たな成長戦略だ。温室効果ガスの排出を減らすと同時に、雇用を創出して生活の質を引き上げる。運輸、税制、食や農業、産業からインフラまでEUの政策すべてを『緑の糸』でつなげる」と語っている。

就任日に復帰表明したバイデン――トランプ離脱の爪痕深く

前述のように気候変動の脅威を軽視するトランプ米大統領は20年11月にパリ協定から離脱した。その間、前述してきたように欧州の主要国や中国は、パリ協定下の金融経済運営の主導権争いを展開し、米国は環境重視の国際潮流から孤立することになる。

を設け50年の気候中立目標を法定化し、その実現に向けてエネルギー分野の脱炭素化、建築のグリーン化による消費エネルギーの削減、クリーンな移動手段の普及などによる産業構造の変革を掲げている。実現のための10年間の官民の関連投資額を1兆ユーロとしている。

欧州気候法
欧州連合(EU)の温室効果ガス排出を2050年までに実質ゼロにするとの目標を盛り込んだ法律。20年3月に欧州委員会が提案し、21年6月にEU理事会が採択手続きを完了した。1990年比で正味の温室効果ガス排出量(除去を差し引いた排出量)を2030年までに、少なくとも55%削減するという気候目標も盛り込んでいる。

2020年の大統領選挙で、再選を狙ったトランプを破って当選した民主党のバイデンは、就任初日に当たる21年1月20日にパリ協定への復帰を表明した。さらに4月に、オンラインで気候サミットを主催し、気候変動への取り組みで主導権を取りたい意向を見せた。

「気候変動問題においてはこれからの10年が勝負になる。米国は待ちの姿勢ではなく、行動すると決意している」。バイデンはサミットでそう強調し、米国が2030年までに二酸化炭素（CO_2）の排出量を05年比で50%削減すると、これまでより大幅に踏み込んだ約束をした。また新興国の温暖化ガス排出削減を支援する**国際気候ファイナンス計画**を打ち出した。

ただ、気候サミットに参加したのは40カ国程度。気候変動対応に積極的なのは民主党のなかでもグリーン・ニューディール計画を提案する下院議員のオカシオ・コルテスなど左派が中心だ。共和党には環境規制に反対の意見が根強く、バイデンが議会で支持を取り付けられるか不透明な面もある。気候対応で米国の主導権を取り戻したいというバイデンの意欲は明確になったが、それが実を結ぶかどうかはわからない。

国際気候ファイナンス計画
バイデン米大統領が2021年に打ち出した気候変動対策の国際金融パッケージ策。開発金融公社などを通じた気候ファイナンスの規模拡大、民間金融の国際的動員、化石燃料エネルギー事業への投融資の終了などを盛り込んでいる。

I

新しい銀行像の模索

SUSTAINABLE
FINANCE

第1章 浮かび上がる5つの指針

サステナブル・ファイナンスを支える金融哲学がある。内容的に重複する部分もあるが、1980年代以降に醸成されてきた「グリーン」「ネット・ゼロ」「サステナビリティ」「ESG」「インクルーシブ」の5つである。聖徳太子が説いたとされる「十七条憲法」のような基本指針の現代金融版と言え、それらにもとづく金融の改新が求められている。

1 グリーン

成長の限界で吹き始めた「緑」の風

いまサステナブル・ファイナンスとして取り組まれる動きのなかで、もっとも古くからあるのは、環境への取り組みだ。

産業革命後の19世紀の英国、ロンドンで石炭の燃焼に伴って排出されるスモッグが深刻になり、多くの人が肺疾患で死んでいる。日本では19世紀末には、栃木県で古河鉱業（現・古河機械金属）が採掘していた足尾銅山の精製時に発生する鉱毒による被害が、同地域から流れ出す渡良瀬川流域にまで広がり、長年続く公害問題を引き起こしている。

第2次世界大戦後、世界各地で復興が進むなかで、環境が破壊される例が多発した。1950年代には米カリフォルニア州ロサンゼルスでスモッグが発生し、学校が閉鎖されるなど大気汚染が問題になり始めていた。

日本でも岐阜県の三井金属鉱業神岡鉱山（現・神岡鉱山）の未処理排水が富山県の神通川流域で引き起こしたイタイイタイ病、熊本県の不知火海沿岸で起きたチッソ水俣工場の工業廃水などが原因とされる水俣病、三重県の四日市コンビナートの石原産業、中部電力、三菱油化（現・三菱ケミカル）などの工場・発電所から発生した大気汚染による四日市のぜんそく患者多発など公害問題が相次いだ。

そうしたなか、米生物学者のレイチェル・カーソンが1962年に、化学物質の危険性を訴えた『沈黙の春』（邦訳、新潮文庫）を出版した。カーソンは大学で遺伝学を研究し、米連邦漁業局を経て、内務省魚類野生生物局に勤務しており、著書は内部告発的な側面もあった。

『沈黙の春』はベストセラーとなり、農薬などの散布が、残留農薬となって、自然に大きな影響を与えるというメッセージが、知識層などに広く伝わった。これが世間の目を初めて大々的に環境に向けさせ、その後の環境保護運動につながっていったと評価されている。

また1972年にはスイスに本部を置くシンクタンク「**ローマクラブ**」が、マサチューセッツ工科大学のデニス・メドウズなどによる『成長の限界』（邦訳、ダイヤモンド社）を出版し、「環境汚染や人口増など現下の傾向が続けば、地球の成長は100年以内に限界に達する」と訴えた。

日本ではこの本のなかで原油の枯渇の部分がとりわけ注目されたが、筆者らは「人々を均衡ある社会へと導く長期的な目標がなければ、指数関数的な成長が世界のシステムを地球の限界へ、そして破滅へと向かわせることになる」と訴えており、世界的には汚染や環境問題を含むより広い範囲での警鐘と受け止められている。

そうした声に応え国連は1972年に、スウェーデンのストックホルムで国連人間環境会議を開き、「**人間環境宣言**」を採択した。宣言は「人間環境を保護し、改善することは、世界中の人々の福祉と経済発展に影響を及ぼす主要な課題だ。これは、全世界の人々が緊急に望むところで、すべての政府の義務だ」と訴えた。また、それを実現するために、環境問題に指導的役割を果たす機関として国連環境計画（UNEP）を設けている。

ローマクラブ
イタリアのオリベッティ（現テレコム・イタリア）の社長アウレリオ・ペッチェイが主導し、環境汚染、天然資源の枯渇、人口増加などの問題への対処を目的にスイス・ヴィンタートゥールに設けたシンクタンク。設立前に最初の会合を1968年にローマで開いたことから命名された。72年に出版した『成長の限界』で有名になったが、現在も活発に活動している。

人間環境宣言
1972年ストックホルムで開いた国連人間環境会議で採択された環境保全に関する宣言。ストッ

民間では環境重視、エコロジー、反戦などを掲げる新しい社会運動が活発になり、そうした運動を進める政治勢力が「緑の党」を結成し始めた。1971年にスイスのヌーシャテルで「スイス緑の党」が結成され、79年にはダニエル・ブレラッツが緑の党として初めて国民議会の議員に選出されている。80年には西ドイツで緑の党が結成され、緑の党設立の動きはフィンランド、オランダ、フランスなどに広がっていった。経済より環境と声高に叫ぶ緑の党の考えは当初、急進左派的と捉えられがちだったが、環境を重視する考え方自体は正論であり、中道左派のなかにも環境重視が浸透していく。

「緑の党」は環境だけでなく、新しい社会運動を取り込んだ幅広い活動をしていたが、党名の「緑（グリーン）」のインパクトが強く、環境保全や自然保護などを求める動きは「グリーン」な動きと捉えられるようになった。

そして、欧州を中心に「グリーン」は、経済活動で必ず配慮すべき要素と認識されるようになっていく。経済を支える金融面においても、グリーン・ファイナンス、グリーン・ボンドなど「グリーン」を冠した金融活動が広がっている。

クホルム宣言とも呼ばれる。水、大気、地球などの汚染、資源の破壊と枯渇、人間の肉体的、精神的、社会的健康に害を与える人工の環境などの害が広がっていることに対し、「環境への影響に一層の思慮深い注意を払いながら、行動をしなければならない。市民及び社会、企業及び団体が、すべてのレベルで責任を引き受け、共通な努力を公平に分担することが必要である」と訴えている。国際的な環境対応の起点となった。

2 ネット・ゼロ

リオが示したカーボン・フリーの道筋

環境問題への関心が高まりを見せるなか、1989年にパリで開かれたG7**アルシュ・サミット**（先進国首脳会議）で、議長を務めた社会党の仏大統領フランソワ・ミッテランがリードし、環境問題での国際協調で合意した。

首脳宣言では「将来の世代のために環境を保護する緊急の必要性がある。成層圏オゾン層の破壊、将来気候変動をもたらし得る二酸化炭素及びその他の温室効果ガスの過剰排出等、我々の環境に対する深刻な脅威の存在が科学的研究により明らかになった。環境保護のためには、断固とした協調的な国際的対応を行なうことと、持続可能な開発に根ざした政策を世界的規模で早急に採用することが要請される」と訴えた。

とりわけ注目され始めたのは地球温暖化である。UNEPと**世界気象機関**（WMO）が1988年に設けた「**気候変動に関する政府間パネル**（IPCC）」は90年に、温室効果ガスの増加に伴う地球温暖化の科学的、社会的、経済的な評価を盛り込んだ第1次評価報告書をまとめ、「温暖化で気候変動が生じる恐れは否定できない」と指摘した。

アルシュ・サミット
フランス革命から200年に当たる1989年、パリ近郊のラ・デファンスで開いたG7サミット。会場が「グランダルシュ」だったため、アルシュ・サミットと呼ばれる。フランス大統領フランソワ・ミッテランが議長を務めた。経済宣言に地球規模の環境問題を大きく取り上げ、「将来の世代に対する義務を履行するために、健康的で均衡のとれた地球環境の保全という共通の目標を達成するための協力を行う」とうたった。地球環境問題を国際政治の中心課題に押し上げたとされている。

世界気象機関（WMO）
1950年に設けられた国連の、気象、気候、水これが、温暖化防止の起点となり、1992年にブラジルのリオデジャネイロで環境と開発に関する国際連合会議（**地球サミット**）が開かれた。気候変動を抑制するため、大気中の二酸化炭素濃度を削減する国際的な枠組みを定めた。

1980年代を通じ環境問題は大気汚染、水質汚染、生態系などさまざまな角度から論じられてきたが、リオで最優先アジェンダとして温暖化防止の道筋がつけられた。サミットに先立って採択された**国連気候変動枠組条約（UNFCCC）**は、温室効果ガス排出削減などの枠組みを協議する最高意思決定機関として締約国会議（COP）を定め、1995年のドイツ・ベルリンで開いたCOP1から毎年開かれるようになった。

京都からパリにつないだ地球温暖化防止

そして1997年には京都市でCOP3が開かれ、先進国に温室効果ガス排出削減目標を課す京都議定書が採択された。削減目標は2008年から12年までの5年間で、1990年対比、EUがマイナス8%、米国がマイナス7%、日本がマイナス6%などとされた。対象が先進国に限られているとはいえ、具体的な温暖化防止規制を導入する画期的な会議となった。

ただ、京都で高まった温暖化防止へのモメンタムは、順調に強まっていったわけで

に関する科学情報を提供する専門機関。大気の状態と動き、大陸と海洋の相互作用などを観測、監視するための国際協力の調整を行っている。本部はスイス・ジュネーブ。

気候変動に関する政府間パネル（IPCC）
国連環境計画（UNEP）と世界気象機関（WMO）が1988年に、スイス・ジュネーブのWMO本部内に事務局を置いた気候変動を評価する機関。気候変動の理解に関連する世界の科学的、技術的、経済社会的情報を検討し、評価する。IPCC自体は、調査研究やデータの監視はしない。90年の気候変動に関する包括的な評価レポートで、温暖化によって気候変動が生じる恐れを指摘。温暖化防止の流れを主導した。

はない。米国や日本では、過度な環境規制が経済成長を妨げるとの考え方が根強かった。京都議定書で途上国が含まれなかったことに対する批判もくすぶり続けた。

大きかったのは、環境対策を進めるベースになってきたＩＰＣＣ（気候変動に関する政府間パネル）の報告書の誇張問題だった。長期の気候予測は難しいのだが、人為的に危機をあおるようなトーンになっているとの指摘が相次いだ。ヒマラヤで氷河が後退しインドで水不足が起きるなどと指摘されているが、根拠がないことも明らかになっている。ＩＰＣＣの専門性、中立性や、長く議長を務めた**ラジェンドラ・パチャウリ**の資質に対する疑問が何度も提起された。

ただ、それでも温暖化防止への流れは、途絶えることはなかった。２００６年、英国政府の依頼で、経済学者であり世界銀行のチーフエコノミストなども務めたニコラス・スターンが、気候変動に関する報告書「気候変動の経済学」をまとめている（**スターン報告**）。

気候変動を経済学的に分析し、「気候変動は、最大の市場の失敗だ。不作為または行動の遅れによるリスクの深刻さに関する証拠は圧倒的だ。温室効果ガス排出量の即時削減が必要だ」と指摘、そのうえで温暖化ガス排出を抑えるために、規制の強化、炭素税の導入、炭素取引の推進が必要だなどと訴えた。

スターンの報告書に対しても政治色が強過ぎるといった批判が少なくなかったが、

地球サミット
国連環境開発会議（UNCED）が1992年6月に、ブラジルのリオデジャネイロで開かれた環境と開発をテーマにした国際会議。持続可能な開発を目指すことや、環境に損害を与えない責任、環境アセスメントの実施など27の原則からなるリオ宣言をまとめた。

国連気候変動枠組条約(UNFCCC)
地球サミット開催に先立ち、国連総会で採択された大気中の温室効果ガスの濃度の安定化を究極的な目的とする条約。地球温暖化がもたらす悪影響を防ぐための国際的な枠組みを定めている。先進国に対しては2000年までに1990年の水準に戻すことを努力目標としている。具体的な削減

気候学者ではなく、経済学者が温暖化問題を経済問題と捉えたインパクトは小さくなかった。経済界や金融界に、環境問題は長期的な経済問題に他ならず、対応が欠かせないとの考え方が強まるきっかけとなった。

しかも、スターンが指摘したリスクの深刻さを示すような現象が、世界でより頻繁に見られるようになった。カリブ海などで大型ハリケーンが頻発したほか、異常高温や干ばつ、森林火災なども相次ぐようになった。氷河の後退や、北極海での氷の減少なども報告され、気候変動問題がいよいよ牙をむき始めたとの見方が強まっていく。

そうした気候変動への警戒感の高まりのなか、２０１５年にフランス・パリで開いたＣＯＰ21で、20年以降の温室効果ガス排出削減等のための新たな国際枠組みとして、パリ協定を採択した。産業革命前からの世界の平均気温上昇を「２℃未満」に抑え、努力目標として「１・５℃未満」を目指すことになった。先進国だけでなく、新興国も含む全参加国が参加する初めての枠組みとなった。

気温上昇を「２℃未満」に抑えるには、２０７５年ごろには脱炭素化する必要があり、努力目標の「１・５℃未満」に抑えるためには、50年に脱炭素化しなければならないことになる。これを起点に、地球温暖化防止のための脱炭素化、ネット・ゼロ社会を目指す大きな運動が始まり、金融もその渦に巻き込まれていくことになる。

義務は、条約締約国が集まって開く締約国会議（ＣＯＰ）に委ねている。

ラジェンドラ・パチャウリ
インド出身の環境問題専門家。２００２年から13年間にわたり気候変動に関する政府間パネル（ＩＰＣＣ）の議長を務め、温暖化防止に取り組んだ。02年に米国の元副大統領アル・ゴアと並び、ＩＰＣＣがノーベル平和賞を受賞。20年に死去。

スターン報告
英国の経済学者ニコラス・スターンが２００６年にまとめた経済学の視点からの地球温暖化に関する報告書。気候や環境の専門家からの警告が発せられていた気候変動が、「全地球規模のリスクであり、放置すれば経済発

3　サステナビリティ

ブルントラントの慧眼――開発と環境の調和を求めて

環境への取り組みが進むなかで、サステナブル（持続可能性）という概念が用いられるようになる。

きっかけは1983年、国連事務総長のハビエル・ペレス・デクエヤルが、環境と開発に関する世界委員会の設置を決め、ノルウェーの環境相、首相を歴任した労働党のグロ・ハーレム・ブルントラントを委員長に起用したことだった（**ブルントラント委員会**）。環境保護の問題にうまく対処するために必要な取り組み、今後数十年間の行動のための長期的な議題、世界が取り組む野心的な目標を定義しようとしたのだ。

委員会は、環境破壊と貧困と人口増加が相互に絡み合うことで生じる問題について検討した。その過程で「**持続可能な開発**」という幅広い政治理念を展開し、1987年4月に報告書「私たちの共通の未来」をまとめている。

報告はまず「今日、酸性雨、熱帯林の破壊、砂漠化、温室効果による気温の上昇、オゾン層の破壊等、人類の生存の基盤である環境の汚染と破壊が地球的規模で進行している。この背後には過度の焼畑農業による熱帯林破壊に見られるような貧困からく

展が著しく妨げられる恐れがある」と警告した。リスクをGDPの損失などの形で示したため、経済界の気候変動対策への取り組みに大きな影響を与えた。

ブルントラント委員会
1984年に国連が設置した「環境と開発に関する世界委員会」で、委員長をノルウェーの元首相、グロ・ハーレム・ブルントラントが務めたためこう呼ばれている。87年に報告書「我ら共有の未来」を発表し、将来の世代のニーズをも満たす「持続可能な開発」の概念を打ちたてた。この概念は、その後の地球環境保全を

る環境酷使と、富裕に溺れる資源やエネルギーの過剰消費がある」と指摘している。新興国が開発を進めたり、先進国がより高い成長を目指したりする裏で、環境が取り返しのつかないレベルで破壊され、そのままの路線が続けば早晩、地球というシステムが行き詰まりかねないという、「未来に向けた脅威」を強調した。

そのうえで、「いまや人類は、こうした開発と環境の悪循環から脱却し、環境・資源基盤を保全しつつ開発を進める『持続可能な開発』の道程に移行することが必要である。成長の回復と質の改善、人間の基本的ニーズの充足、人口の抑制、資源基盤の保全、技術の方向転換とリスクの管理、政策決定における環境と経済の統合が主要な政策目標である」と訴えた。未来に向けた脅威を取り除き、長期的に繁栄が目指せる基本コンセプトとして「持続可能性」を掲げたのだ。

しかしブルントラント委員会が打ち出した「持続可能な開発」の考え方は、1990年代にはそれほど広がらなかった。グローバリゼーションが進むなかで、利益を最優先する先進国の企業が、新興国で乱開発による環境汚染を引き起こし、現地の児童労働の強制など人権や社会を顧みないような開発に手を染めたりする事態が横行した。

危機感を強めた国連は2000年9月に、ニューヨークの国連本部で世紀の変わり目で国連の役割を議論するミレニアム・サミットを開催し、ミレニアム宣言をまとめた。

目指す取り組みの基本指針になっている。

持続可能な開発
将来の世代の欲求を満たしつつ、現在の世代の欲求も満足させるような開発のことを指す。国連が設けたブルントラント委員会が打ち出した開発理念で、環境を考慮した節度ある開発を求める考えにもとづいている。その後、国連の開発の中心理念の一つに位置付けられ、この考えの延長線上でSDGs（持続可能な開発目標）などが打ち出されていった。

そのなかで、「グローバリゼーションは大きな機会を提供する一方、現時点ではその恩恵は極めて不均等に配分され、そのコストは不均等に配分されている。我々は途上国及び経済が移行期にある諸国がこの主たる課題に対応する上で特別の困難に直面していることを認識する。したがって、我々に共通な多様な人間性に基づく、共通の未来を創るための広範かつ持続的な努力を通じてのみ、グローバリゼーションは包括的かつ公平なものとなりうる」と指摘した。

そして、取り組むべき目標（**ミレニアム開発目標**）として「平和、安全および軍縮」「開発及び貧困撲滅」「共有の環境の保護」「人権、民主主義および良い統治」「弱者の保護」「アフリカの特別なニーズへの対応」「国連の強化」を掲げた。

全体としては、グローバリゼーションが進むなかで顕在化した弊害への対応の色彩が強くなり、国連のメッセージとしての「持続可能性」はいったん後退している。

具体性とわかりやすさの威力——17カ条のSDGs

持続可能性の政治的メッセージが復活し、力を増したのは、2015年である。国連は9月にニューヨークの国連本部で、「国連持続可能な開発サミット」を開催した。サミットでは成果文書として「我々の世界を変革する：持続可能な開発のための2030アジェンダ」を採択し、そのなかで17の目標と、169のターゲットから構成

ミレニアム開発目標
2000年9月にニューヨークで開いた国連ミレニアム・サミットで採択された国連ミレニアム宣言をもとにまとめられた開発分野での目標。15年までに達成すべき目標として、極度の貧困の撲滅、初等教育の完全普及、ジェンダー平等推進、環境の持続可能性確保など8項目が掲げられた。

する「**持続可能な開発目標（ＳＤＧｓ）**」を掲げた。

17の目標は「貧困をなくそう」などミレニアム開発目標を踏まえた項目もあるが、より幅広い取り組みを、具体性を持たせて発信した。貧困対策と衛生対策を兼ねて、「安全な水とトイレを世界に」と呼びかけられている。

またミレニアム目標で「共有の環境の保護」とされていた項目は、「気候変動に具体的な対策を」「海の豊かさを守ろう」「陸の豊かさも守ろう」などに代わっている。

ミレニアム開発目標のときからは時代が進んだのは事実だが、未来志向で、シンプルでわかりやすい工夫が凝らされたＳＤＧｓは国際社会に強いメッセージを投げかけることに成功する。

内容自体は民主的な先進国で普通に考えれば当然と思える項目ばかりだが、新興国においてはそんな常識は通用していなかった。自国では高い倫理を掲げ高評価を勝ち得ている先進国の企業や金融機関が、進出先の国では、その国の事情にまったく配慮しないで金儲けに走ったり、人権を全く顧みなかったり、汚職に手を染めたりしていた。

しかし、17の目標が示されたことによって、先進国の金融機関が途上国で実施している行為についても、チェックしやすくなった。ダブル・スタンダードが通用しなくなり、金融機関はすべての行動において、目標に合っているかどうかを自問せざるを

SDGｓ（持続可能な開発目標＝ソーシャル・デベロップメント・ゴールズ）
２０１５年の国連サミットで採択された「持続可能な開発のための２０３０アジェンダ」として掲げられた、持続可能でより良い世界を目指す国際的な目標。エネルギーをみんなにそしてクリーンに、住み続けられるまちづくりを、気候変動に具体的な対策を、海の豊かさを守ろう――など17の目標を掲げ、合計１６９の達成基準を示した。

得なくなった。経済活動もこれらの目標に照らして評価されるようになり、金融の在り方にも大きな影響を及ぼし始めている。

4 ESG

UNEPが促した「環境も、社会も、統治も」

サステナブル・ファイナンスの背景に流れるもう一つの考え方として、ESGがある。経済活動の際に、E（環境）、S（社会）、G（企業統治）の3つを踏まえようというものだ。

1990年代を通して、環境への対応に当たって、環境をつくりだす社会の在り方や、企業の在り方も変えていかねばならないとする考え方が強まっていった。環境、社会、企業統治を3点セットとして取り組む枠組みが醸成されていったのだ。

そうした考え方は、投資家のコミュニティにも広まっていき、それに応える形で2003年にUNEPのフィナンシャル・イニシアチブ（UNEP FI）の、資産運用会社などで構成する**アセット・マネジメント・ワーキング・グループ（AMWG）**が、ポートフォリオ管理のなかに環境や社会、企業統治をどう実体性を持たせて取り入れるかの検討を始めている。

アセット・マネジメント・ワーキング・グループ（AMWG）
国連環境計画・金融イニ

その成果は2004年に「株式評価における、社会、環境と企業統治の実体性」としてまとめられ、社会的責任投資（SRI）や、航空業界の排出権などの具体的なテーマを考察している。この段階ではE、S、Gの要素は認知されていたが、表題の順番はS、E、Gであり、ESGという用語は定着していない。

UNEP FIのAMWGは2005年に、この問題を法律面から考察したリポート「機関投資における環境、社会、企業統治の統合のための法的枠組み」をまとめている。環境や社会、企業統治への配慮は重要だが、そのことが運用者は出資者の期待に応える行動をとらねばならない法律の枠組みと整合的かどうかを考察している。

この段階では表題の順序が前年のリポートのSEGからESGに代わっており、サステナブルな社会を目指す目標としての「ESG」という言葉が形成されている。

民間は責任ある行動を——グローバル・コンパクトの環境アクティビストの勧め

そして、このESGの言葉を広めたのは、国連事務総長コフィー・アナンだった。2006年、スイスのダボスで開いた世界経済フォーラムのダボス会議で、「機関投資家らの意思決定プロセスにESG課題を受託者責任の範囲内で反映させるべきだ」と主張した。

アナンはもともと、企業や団体が責任ある創造的なリーダーシップを発揮すること

シアチブ（UNEP FI）が、環境などの考慮事項が資産管理に十分に組み込まれているかどうかを調査するために設けたワーキンググループ。仏BNPパリバ・アセット・マネジメント、米シティグループ・アセットマネジメントなどで構成し、環境、社会、ガバナンスの重要性をうたったその報告書が「ESG」の流れをつくりだす要因になった。

で、社会の良き一員として行動し、持続可能な成長を目指そうという「**グローバル・コンパクト**」と呼ばれるイニシアチブを進めていた。

民間を巻き込んで目標を達成しようとするのが特徴で、「人権」・「労働」・「環境」・「腐敗防止」の4分野を軸に活動していた。このグローバル・コンパクトの趣旨とも一致する「ESG」については、UNEP FIでちょうど方向性がまとまってきたタイミングだったため、ダボスで紹介したようだ。

アナンの発言を受けて、2006年4月にグローバル・コンパクトとUNEP FIが共同で、金融業界に対して「**責任投資原則（PRI）**」と名付けられた新たなイニシアチブを始動した。欧米の機関投資家も参加して、機関投資家の投資決定過程にESGの考え方を盛り込もうとするものだ。

PRIは6原則で構成されている。その内容は①投資分析と意志決定のプロセスにESGを組み込む、②（株式の）所有方針にESGを組み込む、③投資対象に対してESG課題の適切な開示を求める、④資産運用業界にこの原則が受け入れられるよう働きかける、⑤この原則の効果を高めるため協同する、⑥活動の進捗状況を報告する――だった。

大きかったのは、投資家が投資対象に対しESGの開示を求め、それを見て投資方針を決めることを原則として掲げたことである。これはいわば投資家によるESGア

国連グローバル・コンパクト
1999年に国連事務総長のコフィー・アナンが打ち出した、企業などが持続可能な成長を実現するための責任ある行動を呼びかけたイニシアチブ。人権、労働、環境、腐敗防止の4分野で10の原則を定めている。企業を自主的に巻き込んだのが特徴。世界で一万を超える企業・団体が賛同署名をしており、とりわけ欧州では企業の環境や持続可能性を重視する意識の向上に大きな影響を与えた。

責任投資原則（PRI）
2006年に国連環境計画・金融イニシアチブ（UNEP FI）と国連グローバル・コンパクトとが連携し、投資家向けに打ち出した行動原則。投資の分析・意思決定にE

クティビスト宣言に他ならず、それが国連のお墨付きを得て進められることになったのだ。お金の流れにESGというバイアスをかけることが、正当化されたとも言える。

国連が主導してお金の流れにESGのバイアスをかける動きは、その後広がりを見せる。2012年にはUNEP FIが主導して、「持続可能な保険原則」が提唱され、19年には100以上の機関が署名して「責任銀行原則」が発足した。銀行が価値創造を行う過程で環境・社会や経済に実質的な貢献をすることの重要性が示された。

ESGは投資の行動原則から、保険、銀行も含む金融全体の大きな行動原則としての地位を占めることになり、サステナブル・ファイナンスへの道筋が明確に示された。

5　インクルーシブ

トリクルダウンはだめだ

インクルーシブという考え方の源流は、1980年代にある。70年代から身体障害者などが受け入れられない状況について社会的排除という言葉で捉えられるようになった。80年代にはその社会的排除を解決していかねばならないとの考え方が広がっていき、社会的排除（ソーシャル・エクスクルージョン）に対する用語として**社会的包摂（ソーシャル・インクルージョン）**という言葉が、教育などの分野で使われ始め、

SG（環境・社会・企業統治）の要素を取り入れることなどを、投資行動の原則として示した。また、株式を保有する企業にESGに沿った行動を働きかけることも盛り込んでおり、環境などに関していわゆる物言う株主の流れを拡大させるきっかけとなった。

ソーシャル・インクルージョン（社会的包摂）　すべての人が、人種、性

ほかの分野にも広がっていった。

　この包摂の概念は、経済成長と結び付けても使われるようになる。きっかけは2000年にアジア開発銀行のコンサルタントだった経済学者のナナク・カクワニと、主席エコノミストだったエルネスト・ペルニアが著した論文（「貧困克服のための成長とは何か？」）だった。

　そのなかで、カクワニらは「貧困を減らすことは、人々、とりわけ貧しい人々の**ウエルビーイング**を改善することだ。（中略）広い意味で、貧しい人に寄り添った成長は、貧しい人々が経済活動に積極的に参加し、そこから大きな恩典を受ける成長だと定義できる。それは**トリクルダウン**による発展の概念とは、大きく離れたものだ。それがインクルーシブな経済発展である。誰もが、享受できる最低限の基本的な能力を奪われない社会である。そこでは例えば、誰もが十分に栄養を取れるべきだし、死亡する未熟児がいなくなるべきだし、人々が長く、満足のいく生活を送れるべきだ」と述べている。

　カクワニらによると、1950年代から60年代にはトリクルダウンが発展に関する主要な考え方だった。それは、まず豊かな人が経済発展の恩恵を受け、その次のラウンドで豊かな人が彼らの利益を消費に回し始めると、貧しい人も恩恵を受け始めるというものだった。それは貧しい人の成長に伴う恩恵は、常に（豊かな人に比べて）少

別、世代、出身地などに関係なく、政治的、経済的、社会的な生活・活動に積極的に参加ができる状態または、それに向けた支えあいを指す。障害者などを差別する社会的排除（ソーシャル・エクスクルージョン）と反対の概念として使われはじめ、いまでは国際社会が目指すべき目標に位置付けられている。

ウエルビーイング
身体的にも、精神的にも、社会的にも良好である状態を指す。米疾病予防管理センター（CDC）は「幸福などポジティブな感情・気分が存在すること、うつ病などネガティブな感情・状態のないこと、生活・達成感・前向きな活動を伴う満足感があることで、簡単に言えば、人生を前向きにとら

ないことを示唆していた。

高い経済成長は、貧困を増やす可能性もあった。格差が開きすぎると、その副作用が成長による恩恵を上回ってしまう。実際にそういうことが起こり始めたので、トリクルダウンにもとづく政策ではなく、貧しい人に寄り添う政策が必要であり、それこそがインクルーシブな経済だと定義したのである。

グラミン銀行にノーベル平和賞の重み

こうした考え方は2000年代を通じて広がっていった。IMFのエコノミストのアート・クレイらが、成長を貧富の格差の側面から分析し、より幅広い成長は貧しい人に寄り添った成長であるべきだとの考えを展開した。

当初、そうしたエコノミストは必ずしもインクルーシブとの言葉を使っていたわけではないが、その主張する内容はカクワニらが定義したインクルーシブな経済の考え方を踏まえたものだった。

大きかったのは、バングラデシュでグラミン銀行を創業し、マイクロクレジットを始めたムハマド・ユヌスと、グラミン銀行が2006年にノーベル平和賞を受賞したことだった。ユヌスは経済学者でもあるが、銀行の経営者がノーベル賞を受賞するのは歴史上はじめてだった。

え気分がいい状態」としている。

トリクルダウン
18世紀に欧州で提唱された「富裕者がさらに富めば、経済が活発になり、貧しい人にも富が浸透する」とする経済仮説。現代でも新自由主義では国際化と競争によって、格差が広がっても所得は底上げされるとしていた。しかし、富裕者の富が経済活性化目的に使われるとは限らない、貧富の格差拡大が成長にマイナスに作用する――などのため、いまでは否定的な見方が多い。

グラミン銀行は、同国の貧しい人々に無担保で少額の融資をする貧困者向け金融サービスを手掛けている。銀行と言えば、対象を審査して、返済可能性が比較的高い人を対象に融資を実施するが、そのビジネスモデルでは貧しい人は金融サービスの対象外となる。

しかし、貧しい人にグループを組ませ、返済が難しくなると協力して、返済できるように後押しする独特の方式で、貸し倒れの増加を防ぎ、貧困者向け融資を可能にした。

貧しい人は銀行口座を持たないことも多く、貯蓄できないことが貧しさから抜け出すことを困難にしていた面があった。**マイクロファイナンス**は、そうした貧困者の金融環境を変え、貧しい人の経済的自立をしやすくした。

この動きは金融サービスを、一部の豊かな人だけでなく、より幅広い人に広げるインクルーシブな動きと捉えられ、「インクルーシブ」という考え方が金融の一つの目標となるきっかけをつくった。

貧しい人に寄り添おう——途上国発の金融包摂運動

インクルーシブという考え方は、サブプライムローン危機からリーマン・ショックに至る大規模な金融危機を受けて、支持を広げていった。**サブプライムローン**は、貧

マイクロファイナンス
新興国で貧しい人に小口融資し、経済的自立を促す金融活動を指す。小口融資で自立させることで、貯蓄や保険などの金融サービスを受けられるようにし、貧困からの脱出を手助けすることを目指す。貧しい人の場合、担保もなく返済が困難と見られていたが、このファイナンスを手掛ける代表例であるバングラデシュのグラミン銀行は、貧しい人5人でグループをつくらせ、連帯保証させることで、返済がしやすい状況をつくりだしたとされる。

しい人々向けの最初だけ低利の住宅ローンで、低利の期間が過ぎると返済が困難になるのは明白だった。銀行は借りた人が返せなくなると、担保の住宅を取り上げ、それを売却して損失を防げると計算していたが、不動産価格が下がったため思惑通りいかず、経営破綻が相次いだ。金融危機は借り手の犠牲のもとに銀行が利益をむさぼる状況になっていることを白日の下にさらしたのだ。

　この金融危機の反省と、ユヌスに刺激されたマイクロファイナンスの動きが相まって、金融をよりインクルーシブなものにする運動が活発化する。動き出したのは新興国だった。2009年に新興国の中央銀行や、先進国の学者などが**アライアンス・フォー・フィナンシャル・インクルージョン（AFI）**という組織を立ち上げ、ナイロビで初めて会議を開いた。

　それを踏まえて2010年にはG20と、それ以外の国も交え、金融包摂のためのグローバル・パートナーシップ（GPFI）が正式に立ち上げられた。G20のメンバーのメキシコ、韓国、フランスを共同議長国として、AFIなどと協力しながら、金融面での貧困者支援などインクルーシブな金融を進める体制ができあがった。

　G20はもともとリーマン・ショックによる金融危機対策として、銀行の資本基盤強化など新しい金融経済秩序の構築を目的に立ち上げられたものだ。従来のG7だけでは、発展が著しいBRICsなどを取り込んだ国際的な政策が打てないため、そうし

サブプライムローン
信用力の低い個人向け住宅融資。通常、信用力の低い個人は高い金利を設定されるため、融資は受けにくいが、住宅を担保に取るとともに、最初の2、3年の利払いを低く抑えることで借りやすくしたのが特徴。2000年代半ばに急拡大したが、据え置き期間の終了に伴う利払い金利高で返済不能が続出、融資した銀行の不良債権が急増し、金融危機を誘発した。

アライアンス・フォー・フィナンシャル・インクルージョン（AFI）
2009年に、金融包摂推進を目指しドイツ人のアルフレッド・ハニングが主導して設けた政策推進組織・シンクタンク。貧しくて銀行口座を持てなかった人に、携帯電話

た新興勢力を取り込んだ拡大指導体制をつくりあげた。経済、宗教、民主体制などさまざまな面で違いを抱える20カ国が強力な政策を協調して打ち出せるのか疑問視する声もあったが、金融に関しては新興国を取り込んだことから、インクルーシブな対応が主要なテーマとして取り上げられ、G20のアジェンダに乗せていったのは大きな成果だったと言える。

格差拡大で重み増す、誰も取り残さない新しい経済

インクルーシブという考え方の広がりは、金融分野にとどまらなかった。2010年代になると、フランスの経済学者、トマ・ピケティが『21世紀の資本』(邦訳、みすず書房)を著し、富が公平に分配されていない現状に警鐘を鳴らすなど、格差に焦点が当たるようになる。

そうしたなかで、貧しい人々も視野に入れるインクルーシブという考え方は、経済政策を進めるうえでの基本の一つと考えられるようになっていった。そうしたコンテクストで、インクルーシブな経済という考え方が、政策の表舞台に登場したのは2015年である。

この年はパリで第21回国連気候変動枠組条約会議(COP21)が開かれ、国連の会議で2030年までの持続可能な開発アジェンダを設定する予定になっていた。

などを利用して金融アクセスできるようにする支援などに取り組んでいる。新興国を中心に89カ国から101機関が参加する世界的活動となっている。

利益最優先の新自由主義的な潮流が転機を迎えるなかで、G7の議長国であるドイツがエルマウで開いたG7エルマウ・サミットの首脳宣言に、「我々は（高水準の債務、内外の不均衡などの）課題に対処すること、及びすべての人々のための成長を達成するため引き続き取り組むことにコミットする。より強固でより包摂的（インクルーシブ）な成長のため、我々は我々の経済の脆弱性に立ち向かう必要がある」と盛り込んだ。G7がインクルーシブな成長に取り組むと明言したことから、この言葉は世界が目指すべき成長の姿として多用されるようになる。

そして2020年には、このインクルーシブの考え方がさらに注目されるようになった。この年、新型コロナウイルスのパンデミック（世界的感染拡大）が起き、各地で**ロックダウン**（封鎖）が実施されるなど、経済は大きな打撃を被った。ただ、インターネットを利用した通信販売などはロックダウン下で拡大し、その基盤を提供するIT大手企業の株価は最高値を更新するという、経済の二極化が鮮明になった。

そのため、コロナ禍からの経済復興に当たっては、単にGDPの拡大を目指すだけでは不十分で、コロナ禍で最も影響を受けたような貧しい人々、対面サービスに従事しているような人々、女性や子供など、幅広い層に目配りした復興が必要だとの議論が支配的になる。その幅広い層に目配りする考え方が、インクルーシブという言葉で表され、それがコロナ後の経済の目標とされるようになっている。

ロックダウン
危機時などに政府や自治体が、人の移動や、屋外活動を強制的に禁止する措置。テロの際、近隣の建物を封鎖したり、コロナウイルス感染拡大の際に都市全体で屋外活動を禁じたりする意味合いで使われる。日本では行動制限を規定する法令がないため導入を求める声もあるが、執行する政治家や知事のレベルが低い場合、行き過ぎた私権制限が生じるリスクがある。

米国の大手金融機関JPモルガン・チェースのCEOであるジェイミー・ダイモンは2020年5月に「誰もが機会にアクセスできるインクルーシブな経済は、より強く、よりレジリアントな経済だ。今回の危機（コロナウイルスのパンデミック）を、何年もの間インクルーシブな経済成長を妨げてきた構造的な障害に対峙し、コモン・グッドを考え、行動し、投資するための、ビジネスと政府へのウエークアップコールにしなければならない」と強調している。

第2章 時代を開いた先駆者たち

何千万ドルもの年俸を手にする金融経営者がアメリカン・ドリームなどと持ち上げられてきたが、その陰で新しい金融の指針を地道にはぐくんできた人たちがいる。お金がすべてという価値観を否定する声が強まるなかで、そうした人たちこそが先駆的なヒーローとして再認識されようとしている。

1 NEFCO

世界初のグリーン投資銀行——北欧の自然との共存後押し

環境への関心が高まりつつあるなか、それを金融面で後押ししようとする動きが出てくる。先駆的な例として挙げられるのは、世界初のグリーン投資銀行である北欧環境金融公社（NEFCO）だ。

デンマーク、フィンランド、アイスランド、ノルウェー、スウェーデンの北欧5カ国が1990年に、北欧のグリーン移行を促すため、設けたグリーン対策を実施する中小企業にリスク資金を提供する国際金融機関である。

北欧各国では広い国土に、500万人から1000万人程度が自然と共生しながら暮らしてきた。環境に対する関心は高く、仕事を環境に特化した環境省を1971年に世界で初めて置いたのはデンマークで、その後、ノルウェー、フィンランド、スウェーデン、アイスランドが続いた。そうした環境重視の流れを具体化するために設けられたのが、NEFCOだ。

北欧の気候に優しいソリューションを提供しようとしていたのは中小企業が多かったが、そうした企業は規模が小さく、各国の主要銀行からは融資リスクが高過ぎると見られていた。

また、当時、北欧では1980年代に生じた不動産バブルが破裂していたのに加え、ベルリンの壁が崩壊し、旧ソ連が解体したこともあって、ソ連依存度の高かった経済は大混乱に陥った。スウェーデンのノードバンケン、フィンランドのスコップバンク、ノルウェーのデン・ノルスケバンクなど当時の北欧の有力銀行の経営が悪化する大規模金融危機が起き、次々と公的資金が投入されていった。グリーン化が重要だとわかっていても、大手銀行にはそこに資金を出すゆとりがなかった。

そうしたなかNEFCOは、環境と気候に優しいソリューションを手掛ける企業の、初期のスケールアップに資金を提供することにより、グリーンへの移行を加速しようとした。

対象となるプロジェクトは、原材料と資源の節約、廃水処理と廃棄物管理、バイオマス、風力、太陽光、地熱、小規模水力発電プロジェクトなど再生可能エネルギー、汚染防止装置の製造、エネルギー効率対策などだ。

地域的には北欧ファーストを掲げているが、環境にプラスをもたらすロシアなども含む東欧の金融機関のプロジェクトなどにも融資を実施している。

例えば、2015年にスウェーデンのバルト海で、海底の堆積物から栄養素を回収するプロジェクトに資金を投じている。堆積物の最上層は大量の酸素を消費するため、それを取り除こうとした。

またポーランドとリトアニアに挟まれたロシアの飛び地領のカリーニングラードでは、地域の排水処理システムを近代化するプロジェクトに資金を提供している。リンと二酸化炭素の排出量を削減することで、バルト海の水質向上を目指している。

金融面からグリーン化を目指すパイオニアであり、1990年からの資金提供は合計6億ユーロと規模は小さいものの、環境活動に焦点を絞った地道な融資活動を続けている。

2 コッレヴェッキオ宣言

団結して金融に物を言い始めたNGO

持続可能な金融の流れを、生み出したのは非政府組織（NGO）の活動だった。1990年代を通して自然保護などを訴える非政府組織はフラストレーションを募らせていた。環境破壊につながると反対している事業に、民間銀行が資金をつけるケースが増えていった。とりわけ途上国では、投機的で持続可能性が乏しい事業に、銀行が関与を深めていった。

それに対して、2000年ごろからNGOが声を上げ始める。河川と河川コミュニティの保護を目指すNGOの「インターナショナル・リバー・ネットワーク（現・インターナショナル・リバーズ）」が、米モルガン・スタンレー・ディーン・ウイッター・ディスカバー・カードの中国の三峡ダム事業への銀行面での関与に反対するキャンペーンを始めた。

また、環境NGOの「**地球の友**（Friends of the Earth）」と「**レインフォレスト・アクション・ネットワーク**」が、商業銀行が自然環境の破壊に手を貸しているとして改善を求めるキャンペーンを始めた。この動きに2002年、「世界野生生物基金（W

地球の友（Friends on the Earth） 環境保護を訴えるフランス、スウェーデン、英国、米国の団体が1971年に設立した環境NGO。アムステルダムに国

WF、後に世界自然保護基金に改名）」「ベルン宣言（現・パブリックアイ）」などが加わり、商業銀行セクターのサステナブル・ファイナンス促進を促すNGOの連合を組織した。この非公式ネットワークが、後にNGOバンクトラックに発展する。

利益優先からの転換求める――PRI策定のきっかけに

個々に活動していたNGOは、金融機関に環境、社会的責任の役割を果たすよう求め団結し、イタリアのコッレヴェッキオ村で対策を練り上げた。これがコッレヴェッキオ宣言で、200を超えるNGOが署名している。

宣言は、「銀行や資産運用会社などは、環境や社会の持続可能性を進めるうえで積極的な役割を果たさなければならない」としたうえで、金融サービス部門に、その役割と責任に対する市民社会の期待を反映する6つのコミットメントの受け入れを求めている。

最初に「持続可能性へのコミットメント」を掲げ、「利益の最大化を優先する使命から、社会的および環境的持続可能性のビジョンへと使命を拡大する必要がある」と指摘した。持続可能性については、生態学的限界、社会的公正、経済的正義の考慮を企業戦略とコアビジネス領域（クレジット、投資、引受、アドバイスを含む）に完全に統合し、持続可能性の目標を株主利益の最大化と同等の立場に置く必要があるとし

際事務局がある。国際組織の下に、73のメンバーグループが組織され、200万人を超える会員と支援者を擁する、世界で最大級の草の根ネットワークとなっている。持続可能な社会を確保するために、環境と社会の正義、人間の尊厳、人権の尊重などを掲げ活動している。

レインフォレスト・アクション・ネットワーク 1985年に米国で設けられた、国際的な環境NGO。森林保護、先住民族や地域住民の権利擁護を掲げ活動してきた。企業の権力と体系的な不公正に挑戦することをミッションに掲げており、森林破壊につながる金融活動の監視にも注力している。本部は米サンフランシスコで、日本にも代表部を置いて活動している。

ている。

次に「害を及ぼさないコミットメント」を挙げている。融資などに伴う、社会的に有害な影響を防止および最小化することにより、害を及ぼさないことを約束する必要があるとし、予防のためのポリシー、手順、および基準の作成を求めている。

さらに「責任へのコミットメント」として、取引の環境的および社会的影響について全責任を負う必要があると指摘。責任には、経済的リスクだけでなく、コミュニティが負担する社会的および環境的コストも含まれるとしている。

このほか、資金を提供する会社や活動の影響を受ける利害関係者に対して説明責任を負う「説明責任のコミットメント」、標準化された開示にもとづく「透明性へのコミットメント」、持続可能な金融を目指す規制や市場メカニズムを促す「持続可能な市場とガバナンスへのコミットメント」の、遵守を求めている。

この宣言には、金融機関は署名していない。しかし、金融の役割と責任を明確にするメッセージは明確で、宣言が国連環境計画・金融イニシアチブによる責任投資原則（ＰＲＩ）策定のきっかけの一つになったと評価されている。ＰＲＩはＥＳＧの流れを生み出し、その拡大を担うことになるが、その意味ではコッレヴェッキオ宣言が持続可能性やＥＳＧを促すサステナブル・ファイナンスの源流と位置付けられるだろう。

3　エクエーター原則

利益重視の環境破壊を防げ——IFCとABMアムロの挑戦

環境への関心の高まりは、新興国の開発に伴う環境破壊への懸念につながっていく。

スイスに駐在していた筆者が1992年、世界経済フォーラムが開いた**ダボス会議**を取材している際、話をしていた世界銀行のエコノミストから、「これからはこういう時代ですよ」と手渡されたレポートがある。

オレンジ色の表紙のレポートは「世界銀行と環境、プログレス・リポート1991」で、環境の大切さが認識され、開発計画のあらゆる側面に環境への懸念を統合する必要があると強調していた。

世界銀行など途上国への開発支援をする国際金融機関などは、1990年代から融資の際に、融資に伴う対象国の環境や社会へのリスクを管理するための自主的なガイドラインを設けて運用していた。

途上国にはダムや発電所のほか、資源開発など経済成長に向けた大規模な開発需要があり、それに応えるため開発プロジェクトに資金を貸し付けるプロジェクト・ファイナンスが活発になる。プロジェクトから上がる利益の一部が返済に回される仕組み

ダボス会議
スイスの非営利財団、世界経済フォーラムが、毎年1月に同国のダボスで開く年次総会。政治、経済、学界のリーダーを招き、会員企業などが世界が抱える課題について議論する。当初は参加者がさまざまな意見にふれあえる場として重宝されていたが、注目度が高まるにつれてグローバリゼーションなどの価値観を共有する場としての色彩が濃くなっている。最近は地球環境問題など持続可能性に関するテーマが取り上げられることが多い。

で、民間金融機関が関与する場合は、どうしてもプロジェクトの採算が最優先された。環境や社会への影響は軽視される例が少なくないため、環境団体などからの批判が強まっていった。

そうした批判に対応し、開発金融を手掛ける国際金融公社（ＩＦＣ）とオランダの大手金融機関、ＡＢＮアムロ銀行が２００２年10月に、民間銀行のプロジェクト・ファイナンスの際の環境や社会に与えるリスク管理のガイドライン策定を呼びかけた。策定にはＡＢＮアムロのほか、環境に関心の高い米シティバンク、英バークレイズ、独ウェストエルビーが参加し、03年6月に「**エクエーター原則（赤道原則）**」としてまとめている。

原則公表と同時に採択したのは、策定にかかわった金融機関のほか、オランダのラボバンク、スイスのクレディ・スイス、フランスのクレディ・リヨネ（現クレディ・アグリコル）、英国のロイヤル・バンク・オブ・スコットランド（現ナットウエスト）、ドイツのヒポフェラインス・バンク（現・伊ウニクレディト）、オーストラリアのウエストパックの設立10行（ファウンディング・エクエーター・バンクス）である。これらは、場合によってはビジネスが制約される可能性があるにもかかわらず、環境を重視すべきだと考えた、いわば環境先進銀行である。

エクエーター原則（赤道原則）

プロジェクト・ファイナンスなどにおける、環境・社会リスクを管理するための金融機関による自主的な枠組み。採択金融機関は、定められた環境アセスの実施など10原則の履行を求められる。2003年に設けられ、現在100以上の金融機関が採択している。

融資に求められた環境・人権・気候変動アセスメント

エクエーター原則は、プロジェクト総額が1000万ドル以上などの要件を満たす大規模プロジェクト・ファイナンスが対象で、10の原則を掲げている。

その内容は、①レビューとカテゴリー化、②社会・環境アセスメント、③適用可能な環境・社会基準、④行動計画と管理システム、⑤コンサルテーションと情報開示、⑥苦情処理メカニズム、⑦独立したレビュー、⑧誓約条項（コベナンツ）、⑨独立したモニタリングと報告、⑩赤道原則報告――だ。

具体的には、融資対象プロジェクトに対し、環境・社会アセスメント、人権リスクアセスメント、気候変動アセスメントの実施を求め、融資契約には環境・社会の関連法規制と許認可を遵守することを誓約条項に明記し、融資後には独立した環境・社会コンサルタントに追加的モニタリングを実施させ、情報を開示させる。

この原則は、世界的に広がっていく。2003年10月には日本のみずほフィナンシャルグループがアジアでは初めて採択し、04年6月にはブラジルのウニバンコが南米の銀行として初採択、さらに05年11月には南アフリカのネドバンクがアフリカの銀行として初採択している。

2010年には、このエクエーター原則を管理、開発するメンバーによる「エクエーター原則協会」が設けられ、原則の見直しやブラッシュアップなどが行われている。

原則の採択メンバーは世界37カ国118金融機関に広がり、日本ではみずほのほか、三菱UFJフィナンシャル・グループ、三井住友フィナンシャルグループ、三井住友信託銀行、新生銀行、日本生命保険、信金中央金庫、農林中央金庫、日本政策投資銀行が採択している。原則の設立者は、世界的に受け入れ可能なものにしたいとして「赤道原則」という名称を付けたのだが、その面では目的を達することができたと言える。

ただ、オランダに登録された非営利団体である「**バンクトラック**」が2020年にまとめた報告で、9つのプロジェクト・ファイナンスについてエクエーター原則の実施状況を調べたところ、「ナイジェリアのウエストポート・オイルの石油採掘事業で苦情処理のメカニズム自体がなかったり、融資している銀行が実施することになっているエクエーター原則のホームページ上に十分な情報が開示されていなかったりといった例が見られる」と指摘した。

そのうえで、事業が赤道原則にどう適合しているかを示すコンプライアンス・リポートの発行、プロジェクトの実効性のある苦情処理メカニズムの構築などを提言している。

エクエーター原則は一種の紳士協定で、違反しても罰則があるわけではない。プロジェクト・ファイナンスの場合、実施されるのは途上国が中心で、原則の浸透には難しい問題が残っているのは事実だ。ただ、多くの銀行を巻き込み、環境破壊に一定の

バンクトラック
2004年に設けられた民間商業銀行とその提供する活動を監視するオランダの非営利組織。銀行による有害な事業活動への資金提供阻止、社会と健全な地球に貢献する銀行セクター促進などを目指し、調査、提言活動を続けている。

歯止めの役割を果たしているのは事実である。

4　ウォルフスバーグ・グループ

マネロン撲滅からテロ資金根絶へ――トランスペアレンシー・インターナショナルの系譜

世界的に汚職が横行しているのに対し、1993年ドイツで汚職対策を目的とする非営利団体、**トランスペアレンシー・インターナショナル**が設けられ、その後、国際的な非政府組織として活動するようになった。95年から腐敗認識指数を発表するなど活発な活動を続けている。

このメンバーでバーゼル大学の腐敗防止の専門家として高名な学者のマーク・ピースなど専門家と、銀行の代表が2000年にスイス北東部のシャトー、ウォルフスバーグに集まり、富裕層向けプライベート・バンキングにおけるマネーロンダリング防止のガイドライン作成に取り組んだ。腐敗を防止するためには、腐敗の温床となっている金融をきれいなものにする必要があると考えられたためである。

参加したのは米国のバンク・オブ・アメリカ、シティグループ、ゴールドマン・サックス、JPモルガン・チェースの4行、英国のバークレイズ、HSBC、スタンダ

トランスペアレンシー・インターナショナル
1993年に世界銀行で開発経済などに携わっていたピーター・アイゲンなどによってベルリンで立ち上げられた、腐敗や汚職の撲滅に取り組む非政府組織。95年から毎年、腐敗認識指数を発表している。国際的な銀行に、資金洗浄対策に取り組むウォルフスバーグ・グループの設立を働きかけた。

ード・チャータード銀行の3行、スイスのクレディ・スイス、UBSの2行とスペインのサンタンデール銀行、ドイツのドイツ銀行、フランスのソシエテ・ジェネラル、日本の東京三菱銀行（現・三菱UFJフィナンシャル・グループ）の、合計13行である。

このグループは2000年10月に「プライベート・バンキング業務における国際的マネーロンダリング原則」をまとめた。顧客の受け入れに関して、まず本人確認を実施すること、口座について真の受益者が誰かを確認すること、顧客のデュー・デリジェンス（適正調査・管理）の実施、新規口座開設にかかる担当者以外による承認、口座資金の異常な動きの監視――などを定めている。

その後、このグループはコルレス銀行のマネーロンダリング防止原則、貿易金融原則などマネーロンダリングにとどまらず、幅広い分野での犯罪防止の原則をまとめている。

また、テロ資金の供与に対しても、「テロリズム金融の抑止に関わるウォルフスバーグ声明」を発出するなど積極的な活動をしている。声明では、金融機関がテロとの戦いにおいて、テロ集団の金融アクセスを防止し、テロ・ファイナンスを探知し、政府からの照会に即時に情報共有するなどの点で役割を果たすとしている。また対策の基本となる、**顧客確認（KYC＝Know Your Customer）**を徹底するなどの方針も

KYC
「顧客を知ること（Know Your Customer）」の英語頭文字で、一般には本人確認を指す。偽名などによって不正な取引が実施されるのを防ぐ目的で、国際機関の金融活動作業部会（FATF）が徹底を求めている。具体的に

打ち出している。

同グループは現在も、税の透明性、制裁、監視の将来、クレジットカードなどさまざまなテーマに関する作業グループを設けて、犯罪防止の観点から業界の対応策などを検討している。

この分野は、当局では**金融活動作業部会（FATF）**が担っているが、実施に当たって銀行サイドの基準づくりなどでウォルフスバーグ・グループが果たしてきた役割は大きいと評価されている。

5 金融包摂同盟（AFI）

ハニングの開発支援――銀行口座を持たない人に金融アクセスを

金融の分野でインクルーシブという考え方を精力的に広めたのは、アルフレッド・ハニングである。ドイツのベルリン自由大学で博士号を取った後、ドイツの技術協力の金融システム開発の責任者として途上国支援に関わり、インドネシア、ウガンダの中央銀行などで働いてきた。

ハニングは、マイクロファイナンスの試みなどが広がるなかで、世界の銀行口座を持たない人々の金融包摂を増やすことが重要と考え、その手段としてデジタル金融サ

は、銀行や証券会社が資金洗浄防止のために、業務に当たって身分証明書の提示などによって確認が求められている。最近は匿名性の高い暗号資産取引などで十分な対応がとりにくいことが問題になっている。

金融活動作業部会（FATF）
1989年に、資金洗浄（マネーロンダリング）防止を目的にパリに設けられた国際機関。テロの頻発に対応して、テロ資金供与防止も所管するようになった。金融機関が資金を受け入れる際の本人確認や、送金先のチェックなど対策の国際基準を定め、各国によるその履行を監視している。日本については、たびたび不十分な取り組みを指摘している。

ービスの可能性に注目していた。

ドイツ国際協力公社（GIZ）などを巻き込み、途上国の金融包摂を進める活動を始めた。ゲイツ財団などから援助を受け、金融包摂同盟（AFI）という組織を立ち上げ、事務局長に就任した。

AFIは、銀行口座のない人々の金融システムへの安全なアクセスを提供することを目指す、金融当局、政策立案者などのグローバルネットワークで、中核になったのはフィリピン中央銀行、インドネシア中央銀行、タイ中央銀行、ケニア中央銀行、ペルー国立銀行、メキシコ証券委員会だった。

2009年にはケニアのナイロビでAFIとして最初のグローバル・ポリシー・フォーラムを開き、ケニア中央銀行の総裁、ニュグナ・ダンギュが議長を務めた。この年、AFIにはバングラデシュ、フィジー、トンガなど44の新規メンバーも参加し、国際的な金融ネットワークが形成された。

そして、2011年にはメキシコのリビエラマヤでフォーラムを開き、金融包摂を貧困削減、経済の安定、経済発展のための国家的取り組みの中心に据える「**マヤ宣言**」を採択した。

こうした動きは、国際協調の場でも支援を取り付けた。2010年にはG20が金融包摂のためのグローバル・パートナーシップの一つにAFIを指名。途上国も含めた

マヤ宣言
金融包摂同盟（AFI）が2011年メキシコのリビエラマヤで開いたグローバル・ポリシー・フォーラムで打ち出した、金融包摂推進に向けた取り組み。新興国で新技術の活用、金融サービス価

世界経済の発展にとって、金融包摂が重要なテーマであることを再認識させた。

携帯電話が金融インフラに——「M-PESA」の金融革命

AFIが画期的だったのは、デジタルやモバイルといった新しい技術を積極的に取り入れたことだ。事務局長のハニングはもともと金融面での開発支援に関わっていただけに、ドイツなど先進国の情報通信の先端技術を途上国の金融包摂に利用する視点を持っていた。

実際、途上国では固定電話の普及は遅々として進んでいないにもかかわらず、携帯電話は幅広く普及し、銀行口座を持っていないにもかかわらず、携帯電話を保有する人々が数多くいた。

そうしたなか、2007年にケニアの携帯電話会社サファリコムが利用者獲得を目指し、「M-PESA」と呼ばれるサービスを始めた。携帯端末で送金や、公共料金の支払いなどができるシステムで、利用が国全体に広がり、重要な金融インフラになった。

このケニアの成功例はAFIの活動を通じて、ほかの途上国にも伝えられ、ウガンダ、ガーナ、ナイジェリア、タンザニアなどでも次々にモバイル金融や電子決済サービスが広がっていった。フィンテックが基礎インフラを変え、金融包摂が一気に進む

格の引き下げ、消費者保護の徹底などを呼びかけている。新興国による金融包摂に向けた最初の国際的なコミットメントと評価されている。

——M-PESA　2007年にケニアの通信会社サファリコムが始めた携帯電話を使った決済・送金サービス。Mはモバイル、PESAはお金（スワヒリ語）を意味する。利用者はM-PESA代理店（サファリコム窓口など）で入金し、携帯のショート・メッセージを使い、送金額と暗証番号を送り、受取人は代理店でメッセージ情報を見せて現金を受け取れる仕組み。銀行を介さないため、口座を持たない貧困層で利用が急増し、同国の金融インフラになっている。

事態となったのだ。

その後、ＡＦＩは中小企業や女性といった金融サービスを十分に受けられていない層に焦点を当て金融包摂の活動を拡大していく。現在、ＡＦＩは「消費者のエンパワーメントと市場行動」「デジタル金融サービス」「インクルーシブ・グリーン・ファイナンス」などのワーキング・グループを設け、積極的な活動を展開している。

日本は関わっていないため、国内ではあまり知られていないが、２０２１年6月時点のメンバーは89カ国、１０１機関にのぼっている。有力国では中国の中国人民銀行、インドのインド準備銀行などが参加している。

6 トゥーン・グループ・オブ・バンクス

人権侵害には加担しない――背後にチューリヒ大・人権研究センター

１９４8年に国連はパリで開いた総会で、普遍的に保護されるべき基本的人権を定めた「世界人権宣言」を採択した。人が生命、自由、安全に関する権利を持っていることや、法の下の平等、プライバシーの保護、信教の自由、表現の自由、集会結社の自由などをうたっている。

ただ、ビジネス活動は、先進国企業による途上国での児童労働など、利益を優先して基本的な人権を侵害することもある。そうしたビジネスによる人権侵害を防ぐため、国連の人権委員会は2011年6月に「**ビジネスと人権に関する指導原則**」を承認し、人権を尊重するという企業責任を定義した。

指導原則は人権侵害だけでなく、その助長の回避も求めており、銀行が直接、人権侵害していなくても、融資先がサプライチェーンのなかで人権侵害に関わっている場合には、融資で人権侵害を助長した責任が問われかねないことになった。

これを受けて、2011年5月と12年3月にスイス中部のトゥーンに、国連の指導原則の意味と、銀行活動にとってのガイドとなる原則を議論するため、英国のバークレイズとRBS(ロイヤル・バンク・オブ・スコットランド)、スペインのBBVA、スイスのクレディ・スイスとUBS、オランダのING、イタリアのウニクレディトが集まった。これが、銀行の人権活動をリードするトゥーン・グループ・オブ・バンクスである。

トゥーンでの会議で少なからぬ影響力を発揮したのが、チューリヒ大学の人権研究センターだ。人権とビジネスに焦点をあてた研究活動で定評があり、議論をリードし、銀行がそのリテール、プライベート、コーポレート、投資銀行、資産管理の各分野において、人権を守る国連の指導原則を遵守するガイダンスをまとめている。

そのなかで、プロジェクト・ファイナンスにおける**人権デュー・デリジェンス**(人

ビジネスと人権に関する指導原則
2011年の国連人権理事会が承認した、国の人権保護義務と、企業の人権尊重の責任などの基本枠組み。国連事務総長特別代表の国際政治学者ジョン・ラギーが策定したため、ラギー原則とも呼ばれる。企業に業務などによって生じる人権への負の影響を評価するとともに、負の影響を与えた場合に是正に取り組むよう求めている。

権侵害活動の調査・管理）の実施や、高リスクの状況にはそれを明示すること、リスク軽減のための行動計画の策定、苦情処理メカニズムの導入などを求めている。これが、銀行が人権問題に向き合う最初の重要な一歩になった。

ただ、トゥーン・グループは2017年には「企業および投資銀行の文脈における国連指導原則13および17の影響について」をまとめているが、それは企業の人権侵害について銀行が引き起こしているとは見られないという前提に立っていた。国連の原則は金融から生じる人権への影響を確実に是正することを目指すものであるが、銀行はそうした目標からやや距離を取ったのではないかと批判された。

このトーンダウンの真相は定かではない。ただ、2013年時点で国連原則に対応するため志の高いバンカーが専門的な立場で純粋に対応したが、その後、影響が大きくなったため、銀行の経営上のしがらみに配慮せざるを得なかったとの見方もある。

7 ポセイドン原則

国際海運もネット・ゼロを――シティ、DNBなど主導

パリ協定が結ばれ、産業界にとって温暖化ガス排出量の削減が喫緊の課題となった。輸送関連では自動車のガソリン車から電気自動車への移行が注目されているが、実は

人権デュー・デリジェンス
「ビジネスと人権に関する指導原則」が企業に求めた人権に関する注意義務。企業活動に伴うサプライチェーン内の奴隷労働など負の側面を把握、公表、是正するプロセスで、欧州では法制化が進んでいる。企業や資産の価値とリスクを詳しく把握するデュー・デリジェンスの、人権版と言える。

国際海運も排出される温暖化ガスはほとんどが二酸化炭素で、二酸化炭素の総排出量に占める割合は2％を超えている。排出量は約8億トンと、ドイツ1国の排出量に相当し、しかも今後も増加が見込まれていた。

国連のこの分野の専門機関である国際海事機関（ＩＭＯ）は、２０１８年4月に、温暖化ガスの排出量を50年までに半分に減らし、今世紀中のできるだけ早い時期に排出ゼロにする戦略を採択した。

危機感を強めた関係業界は２０１７年秋から、対応策の議論を始めている。議論をリードしたのは、**シップファイナンス（船舶金融）**で有力な米国のシティグループや、ノルウェーの大手銀行ＤＮＢ、フランスのソシエテ・ジェネラルといった銀行と、デンマークの海運コングロマリットのＡＰモラーマースク、米穀物メジャーのカーギルなどだ。ＩＭＯの排出量の半減目標を受けて、18年6月にはシンガポール、ロンドン、ニューヨークでワークショップを開いて対応策を練り上げていった。

対応で理論的な枠組みなどでアドバイスしたのは、ユニバーシティ・カレッジ・ロンドン（ＵＣＬ）のエネルギー研究所である。気候変動とエネルギー安全保障に焦点をあてた研究で高い評価を得ており、その一環として「エネルギーと輸送」をコアテーマの一つに据えている。

２０１８年夏から、国際海運のゼロエミッションに重点を置いて、50年までに年間

シップファイナンス
船舶金融を指す。もともと造船のための融資が中心だったが、近年は船舶購入とその船舶の運用によって生じるキャッシュフローを担保とする資金調達を指す。金融危機以降は、主要プレイヤーだった欧州の銀行がこの分野で業務を縮小しており、資本市場の活用が課題になっている。

温暖化ガス排出量の合計を08年の半分以下にするための業界の原則づくりに取り掛かった。10月には香港で業界関係者を集めたグローバル・マリタイム・フォーラムを開き、2019年6月にニューヨークでポセイドン原則と呼ばれる枠組みを発表している。

発足時に署名したのは、議論をリードしてきたシティなど3行のほか、クレディ・アグリコル、ING、ABNアムロ、アムステルダム貿易銀行、ノルディア、ダンスケ銀行、ダニッシュ・シップ・ファイナンス、DVBバンクである。

原則は、気候アラインメントの評価、説明責任、執行、透明性の4つの分野で、取り組むべき指針を示している。まず、金融機関の貸付ポートフォリオが気候目標に沿っているかどうかを定量的に評価および開示するための共通のベースラインを確立。そのうえで金融機関は、ファイナンス先の海運会社が**国際海事機関（IMO）目標**に即しているかを、毎年定量的に評価することにコミットし、ポセイドン原則事務局への年次報告を義務付けられる。

パリ協定への業界を挙げた先進的な取り組みと評価されたこともあり、その後、国際的な注目度も高まり、すでに27の大手銀行が原則に署名している。

米国のトランプ政権は排出量半減を目指すIMOのイニシアチブから距離を置いていたが、バイデン政権に代わると立場を一転させ、気候変動問題担当特使のジョン・

国際海事機関（IMO）目標
国連のIMOが定める船舶のエネルギー効率を改善するための義務的措置。2011年に設定され、その後強化されている。すべての船舶にエネルギー効率既存船舶指数、大型船に運用炭素強度指標の算出を求め、それにも

ケリーが2050年までの実質ネット・ゼロを目指すよう求めている。排出量半減をベースにしたポセイドン原則にも影響しかねず、海運業界とシップファイナンス関係者は一段の対応を求められることになりそうだ。

とづき国際輸送の炭素強度（売上高あたりの二酸化炭素排出量）を08年比で30年までに40%、50年までに70%削減を目指している。

II

お金の流れを変えろ

SUSTAINABLE FINANCE

第3章 タブーファイナンス——問われる因習

世の中は倫理的、社会的に好ましいものだけではない。好ましからぬものもあるし、ある時期の社会には欠かせない必要悪的なものもあり、それらを支えるファイナンスが存在する。そしてそれは金融機関にとって利益の源泉にもなってきたが、新しい金融秩序ではそんな因習の見直しが求められようとしている。

1 資金洗浄・テロ資金ファイナンス

麻薬にからめとられていたスイスの銀行口座

金融機関の取引を規制する動きのきっかけは、ヘロインやコカインなどの麻薬だった。1960年代のヒッピー文化の象徴だった麻薬の利用は、70年代から世界的に広がっていく。

麻薬は欧州では、①タイ、ラオス、ミャンマーの国境地域（ゴールデン・トライアングル）で生産され中央アジアを経て欧州に至るルート、②アフガニスタン、パキスタン、イラン国境地域（ゴールデン・クレッセント）で生産され中東を経て欧州に至るルート、③コロンビアなど南米で栽培・生産されイタリアのマフィア、ンドランゲタなどを介して欧州に持ち込まれるルート、④モロッコなどで栽培・生産されマルセイユの麻薬組織を通じてフランスはじめ欧州に持ち込まれるルート（フレンチ・コネクション）などが知られている。また米国へはコロンビアなどから、コロンビアのメデジン・カルテルや、メキシコの麻薬組織などを介して持ち込まれた。

筆者は1990年代初めにスイスのチューリヒに駐在していたが、市の中心部にあるチューリヒ中央駅の裏手のリマト川とシル川の合流地点にある公園がヘロインやコカインの取引拠点になり、昼間からうつろな目つきの若者がたむろしていた。取材すると、チューリヒは麻薬常習者が注射針を使いまわすことでエイズが蔓延することを恐れて、注射針を無償で配っており、使用済みの注射針が地面に散らばっていた。

さすがに、欧米の有力金融機関がこの麻薬の栽培・生産そのものをファイナンスする例はあまりなかったものの、コロンビアやメキシコの麻薬の生産や販売に絡んだ組織が違法薬物の売買などで得た巨額の利益を、預金などの形で受け入れていた。

かつては組織のボスの本人名義の口座もあったようだが、取り締まりが厳しくなるにつれ、**シェル・カンパニー**（抜け殻会社）と呼ばれるダミー会社や、偽名や匿名口

シェル・カンパニー
実態の経済活動を伴わない、登記上だけの会社。資産の登録などのために設立が認められ、企業買収などの際に特別目的会社などとして使われている。租税回避地では匿名性が保たれるため、脱税や資金洗浄（マネーロンダリング）目的で多用されており、規制強化を求める声が強まっている。

座などお金の出元を明かさない形で、銀行に資金を預け、その資金で株式投資をしたり、武器購入をしたり、そのほかの活動をしたりしていた。

金融機関はそうした組織が違法な活動で得た資金を預かることで、それを再投資しやすい状況にする手伝いをしていたのだ。違法活動をする組織側から見ると、違法活動で得た黒い資金を、銀行などを介することで、きれいな白い資金にして、自由に使えるようになるわけである。それがいわゆる資金洗浄（マネーロンダリング）で、銀行が違法性を見えなくする重要な役割を果たしていた。

例えば、チューリヒに本店があったスイス・ユニオン銀行に1970年代末にコロンビアの麻薬組織に関連のある口座が開設されていたが、94年に当局のコロンビアの麻薬組織メデジン・カルテルに関する捜査で発覚、1億5000万ドルが凍結された。

1980年代の欧州では麻薬使用が蔓延していたこともあって、その拡大を側面支援する銀行に白い目が向けられた。それを受けてスイスの大手銀行などは、麻薬を扱う組織や、そのボスなどのブラックリストを作成し、リスト掲載者の新規口座開設を拒否するなどの対応をしていた。スイスの大手銀行で口座開設を拒否された客が、邦銀を含むチェックの甘い銀行に口座を開く動きが強まったこともある。

マネロンの拡大に危機感が強まり、1989年にG7サミット（アルシュ・サミット）議長国を務めていたフランス大統領のジスカール・デスタンがマネロン対策専門組織の創設を呼びかけ、パリに金融活動作業部会（ＦＡＴＦ）が創設された。ＦＡＴＦは、麻薬組織による金融機関の資金洗浄を防ぐため、本人確認の徹底など40項目の勧告をつくり、金融機関に遵守を求めるようになった。

テロ組織の金庫――金融活動作業部会（ＦＡＴＦ）で監視

１９９０年代になると、国際的にテロが頻発するようになる。それ以前も北アイルランドなど地域紛争に絡むテロは散発していたが、90年代にはイスラム過激派や、右翼過激派によるテロが頻発するようになる。95年には日本でオウム真理教が地下鉄サリン事件を起こし、米国ではオクラホマシティで連邦政府ビルが爆破され１００人以上が犠牲になった。

国際的にテロ対策が大きな課題となったが、テロを実施するには、テロを仕掛ける戦闘員をリクルートし、訓練しなければならない。爆弾など武器、兵器の調達も必要になる。大規模なテロを仕掛けようとすると、そのためにかなりの資金がいるわけで、テロにおける金融の役割は極めて大きい。

実は、テロ・ファイナンスについては、１９９１年に発覚した多国籍銀行、ＢＣＣＩ（バンク・オブ・クレジット・アンド・コマース・インターナショナル）事件で関係者が注目していた。

ＢＣＣＩはパキスタンの銀行家が１９７２年に、途上国の発展に資する銀行を目指してルクセンブルクに本拠を置く形で設立した。アジア、中東のほか、英国ではリテール金融網を構築した。

しかし、巨額の使途不明金が発覚し、１９９１年に英国の中央銀行であるイングランド銀行などが業務停止にし、経営破綻した。

当局が調べてみると、ＢＣＣＩは米政府がイランと裏取引し、そこで得た資金をニカラグアの反政府テロ組織の支援に回していた「イラン・コントラ事件」で資金提供に関わったり、国際テロ組織アルカイダを率いたオサマ・ビン・ラディンなどに資金を提供したりしていた。英国などで集めた資金が、ＢＣＣＩを介して、テロなどの行為の資金源になっていたことが明らかになったのだ。

１９９０年代半ばにテロが頻発し始めると、資金面からもテロ根絶を目指す動きが強まることになる。銀行などに預けられた資金が、テロ準備、実行のために利用されないようにすることが求められるようになった。90年代の麻薬資金の洗浄防止では、預金の資金の出元が注目されたが、テロ資金根絶では預金の資金の行き先が注目されることになる。

そうした動きを背景に１９９９年12月の国連総会は、テロに使われることを意図したり、使われることを知っていたりしながら、資金を提供することを犯罪とする「テロ資金供与防止条約」を採択した。

このテロ資金供与防止の対策については、国際的に麻薬の資金洗浄を監視してきたＦＡＴＦが担うことになった。口座の利用者がテロに関与していないことを確認するため、「顧客確認」（ＫＹＣ）が重視され、ブラックリストによるチェックが求められるようになった。また、口座開設だけでなく、送金の際にも本人確認が徹底され、１回の送金限度額の引き下げなども実施されている。

同時テロが生んだ監視塔——米財務省テロ・金融インテリジェンス局

テロ資金根絶への動きは、２００１年9月11日に米国で起きた同時テロ事件で、国際社会の最優先課題の一つになった。主要8カ国（Ｇ８）は19日に首脳声明を出し、テロリストへの資金の流れを断ち切るための金融的措置および制裁の行使で協調することを確認した。28日には、国連安全保障理事会がテロリストへの資産凍結措置を求める決議を採択した。

とりわけニューヨーク・マンハッタンのワールド・トレードセンターなど金融中枢を狙われ、死者が３０００人を超えた米国の対応は厳しかった。国を守る国土安全保障省を設け、警備のほか、財務省にあった関税やシークレット・サービス、法執行訓練センターなどを移管し、テロとの戦いの中心と位置付けた。

また財務省は「テロ・金融インテリジェンス局」を新設し、外国資産管理局、内国歳入庁（IRS）のほか、中央情報局（CIA）、連邦捜査局（FBI）とも連携し、金融面でのテロ対策を強化した。

さらに世界の9000近い銀行、中央銀行、清算決済機関、証券会社と接続し、送金や振り込みなどに関する情報を扱う国際的な情報ネットワーク会社、国際銀行間通信協会（SWIFT）の協力も取り付けた。

これによってテロ・金融インテリジェンス局は、諜報機関の情報、税金に関する情報、通貨に関する情報、銀行送金に関する情報、国際機関の情報など、テロ資金につながる情報を総合的に把握して、テロ対策として資産凍結や口座閉鎖などを実施する体制を整えた。

同局と連邦準備理事会（FRB）は、監督権限をフル活用して、銀行への対策強化を迫った。対策を実施していない銀行には業務改善を求め、邦銀の米国拠点が体制の不備を指摘されたこともある。

米国が対テロで制裁を課しているスーダン、イラン、キューバとの取引に対してはとりわけ厳しい姿勢で臨み、例えば、そうした国との本国（フランス）での取引の決済を米国内で実施していた仏大手金融機関BNPパリバに対して、安全保障への脅威に制裁を発動できる「国際緊急経済権限法」違反と指摘。BNPパリバは米司法省と

89億ドルの巨額罰金支払いで合意したこともある。

2 武器ファイナンス

死の商人も顧客に――暴かれたBCCI銀行の闇

古くから武器の商人と言われてきた人たちがいる。ドイツの兵器産業、クルップ社を創業したアルフレート・クルップ、第1次世界大戦で英国、フランスなどの武器調達に関わったトルコ生まれのバジル・ザハロフ、レーガン政権がイランと裏取引したイラン・コントラ事件に関わっていたアドナン・カショギなどで、多くの人々の命を奪うことに加担しているため「死の商人」などとも呼ばれている。

彼らが武器を売買する前提は、兵器製造会社が武器を製造し、戦争を企てたり、実際に戦ったりしている国が購入することである。国による購入は大規模取引になりがちで、巨額の資金が動くことになる。その過程で、銀行は兵器製造会社の設備資金融資、武器購入資金の融資、購入資金の払い込みなど、さまざまな形で武器ファイナンスに手を染める。

カショギのケースでは、イラン・コントラ事件の際に前述のBCCI銀行を利用していたことが知られている。BCCIは英国とパキスタンに拠点を置きながら、中東に幅広いネットワークを築いており、カショギのビジネスを熟知していた。知ったうえで死の商人のビジネスの関連ファイナンスを手掛けていたのだ。

国際的には、陸海空の兵力は国を支えるために不可欠とされる。国内的には、例えば米国では銃は身を守るために必要な装備と位置付けられてきた。国レベルから、個人レベルまで、自らを守るための装備が必要であれば、それを供給する会社が存在し、その会社のファイナンスの面倒を見る金融機関が存在する。

しかし、地域紛争や内戦が絶えず、武器の利用で多くの人命が失われている。米国では学校などで銃の乱射事件が相次ぎ、死者が増えている。国際的な軍事拡大の流れは止まっておらず、大量破壊兵器の開発も進む。

企業の論理からは、発注者のより効果の高い武器、すなわち殺戮力の強い兵器への需要を満たすために、そうした兵器開発は欠かせない。しかし、そうした流れが加速すればするほど、結果的に多くの人命が失われる。抑止のためと言い逃れをする国もあるかもしれないが、それが使われない保証はない。人権の立場から武器開発・普及に歯止めをかける必要はあるため、金融面から武器ファイナンスを制限しようとする動きが少しずつ広がっている。

北朝鮮が変えた風景――大量破壊兵器のいまそこにある危機

武器ファイナンスは銀行にとって、有力企業との取引であり、重要なビジネスだったが、風向きは変わりつつある。きっかけは２００１年9月11日にマンハッタンのワールド・トレードセンターなどが狙われた米同時テロ事件と、それに端を発するテロの頻発である。

テロではイスラム関連の組織が米国や米国人を標的にしたが、テロリストが用いたのは米国製の武器・兵器が少なくなかった。それは米国製兵器が優秀な証でもあったのだが、結果的に米国製の兵器で米国人が命を落とすことになる。

もう一つのきっかけは、大量破壊兵器問題だった。２０１３年に北朝鮮が10キロトンの核爆弾の実験を強行している。この核爆弾がワシントンＤＣに投下された場合、半径約５００フィートの火の玉が街を覆い、放射線は半径０・５マイル以内で非常に高いレベルに達するため50～90％以上の人が死亡する可能性があるとされた。北朝鮮は大陸間弾道弾の開発にも着手しており、大量破壊兵器の管理問題への関心が高まることになる。

武器ファイナンスへの関心が高まるにつれて、そのファイナンスの担い手があぶりだされつつある。ドイツのＮＧＯ**フェーシング・ファイナンス**が発行する「ダーティー・プロフィット7」（２０１９年）は、軍事企業のファイナンス状況を明らかにし

フェーシング・ファイナンス
２０１３年にベルリンに設けられた倫理的、社会的、持続可能性の基準遵守を求めるＮＧＯ。人権、労働者の権利、環境保護、武器、汚職に関連する国際的な規範に違反する企業を調べ、それを資金面でサポートする金融機関も含め改善を求めるのが特徴。調査結果を盛り込んだ報告書「ダーティー・プロフィット」を発行している。

ている。

そのなかで、武器を生産している会社と認識されている企業として、欧州のエアバス、英国のBAEシステムズ、米国のボーイング、ジェネラル・ダイナミクス、ロッキード・マーチン、ノースロップ・グラマン、レイセオン、イタリアのレオナルドS.p.A、ドイツのラインメタルAG、ティッセンクルップ、フランスのタレス・グループを挙げている。

そのうえで、そうした軍事企業と金融機関（軍事企業と取引のある欧州13銀行を対象としている）の2015年から18年の取引を調べている（表2）。軍事企業の株式と債券の保有額が大きい（10億ユーロを超えている）金融機関として、クレディ・アグリコル、ドイツ銀行、バークレイズ、BNPパリバ、クレディ・スイスの5社が挙げられている。

また、そうした企業に10億ユーロ以上のファイナンス（融資や起債のアレンジ）を提供している金融機関として、ロイズ銀行、ウニクレディト、クレディ・アグリコル、BBVA、BNPパリバ、ドイツ銀行、コメルツ銀行、バンコ・サンタ

表2　欧州銀の大手武器製造企業への投資（2015年11月－19年1月、百万ユーロ）

順位	金融機関	ファイナンス額
1	クレディアグリコル	3165
2	ドイツ銀行	2615
3	バークレイズ	1634
4	BNP パリバ	1081
5	クレディスイス	1066
6	コメルツ銀行	142
7	サンタンデール	97
8	BBVA	53
9	ウニクレディト	9
10	ロイズ	4

（出所）「Dirty Profits」7　Berlin, May 2019

表3　欧州銀の大手武器製造企業へのファイナンス（2015年11月－19年1月、百万ユーロ）

順位	金融機関	ファイナンス額
1	ロイズ	4129
2	ウニクレディト	4109
3	クレディアグリコル	3408
4	BBVA	2953
5	BNP パリバ	2320
6	ドイツ銀行	1814
7	コメルツ銀行	1717
8	サンタンデール	1635
9	バークレイズ	1216
10	クレディスイス	906

（出所）「Dirty Profits」7　Berlin, May 2019

ンデール、バークレイズを挙げている（表3）。

あぶりだされる核兵器ファイナンスの担い手

また、ノーベル平和賞を受賞したこともあるNGOの連合体である特定非営利活動法人のＩＣＡＮ（核兵器廃絶国際キャンペーン、本部ジュネーブ）とオランダの平和運動組織であるＰＡＸは２０１９年に、報告書（「我々の安全の手抜き――核兵器製造企業へのファイナンス」）で核兵器ファイナンスの実態を分析している。

報告は、核兵器製造に携わる企業として、ボーイング、ハネウエル、ロッキード・マーチン、ジェネラル・ダイナミクス、ノースロップ・グラマンなど米国企業、エアバス、サフラン、ＢＡＥシステムズ、タレスなど欧州企業を含む合計18社を挙げている。

そのうえで株式投資、社債投資、社債・株式発行関連、融資などの合計コミットメントの順位を示している（表4）。それによると最も多いのが米投資会社のバンガードで、コミット額は６６０億ドルにのぼる。次いでブラックロック、

ＩＣＡＮ
マレーシアの医者、ロン・マッコイが地雷禁止国際キャンペーンをモデルに2005年にオーストラリアで設立を呼びかけた、核兵器廃絶を目指す国際キャンペーン。07年にメルボルンで核兵器廃絶を

表４　大手核兵器製造関連企業向け金融コミットメント額（2018年末、百万ドル）

順位	金融機関	金融コミット額
1	ヴァンガード	66048
2	ブラックロック	61200
3	キャピタル・グループ	59096
4	ステート・ストリート	52835
5	ベリサイト（ニューポート・グループ）	31509
6	Ｔロー・プライス	31234
7	バンク・オブ・アメリカ	29033
8	JP モルガン・チェース	23962
9	ウエルスファーゴ	20261
10	シティグループ	17017

（出所）「Shorting our security-Financing the companies that make nuclear weapons」ICAN and PAX　Utrecht, June 2019

キャピタル・グループ、ステート・ストリート、ベリサイト（旧エバーコア）。米国の大手資産運用会社が株式投資で核兵器製造企業を金融面で支えている構図が浮かび上がる。

コミットメントのうち融資だけを見ると、18社向け融資残高（2019年1月時点）が最も多いのは米シティグループで、残高は153億ドル。次いでバンク・オブ・アメリカ、ウエルスファーゴ、JPモルガン・チェース、三菱UFJの順となっている（表5）。

米国に核兵器製造の有力企業が多いだけに、ファイナンスの面でも米銀の存在感が大きい。具体的には、シティがボーイングやハネウエル、バンク・オブ・アメリカ、ウエルスファーゴ、JPモルガン・チェースはジェネラル・ダイナミクスなどへの融資が多い。米国以外では三菱UFJが上位にランクインしている。これについては、原子力プロジェクト・サービスなどを展開している米国のエンジニアリング・建設会社のフルーア向け融資などを手掛けていることが要因になっている。

こうしたNGOなどの指摘には、批判的な見方もある。例えばシティグループはボーイング向け融資を抱えており、それが融資順位を押し上げている。ただボーイング

表5　大手核兵器製造関連会社向け融資（2019年1月、百万ドル）

順位	金融機関	融資額
1	シティグループ	15332
2	バンク・オブ・アメリカ	13771
3	ウエルスファーゴ	9975
4	JP モルガン・チェース	9968
5	三菱 UFJ	8934
6	BNP パリバ	8220
7	みずほ	5092
8	ソシエテ・ジェネラル	4864
9	クレディ・アグリコル	3980
10	スコシアバンク	3589

（出所）「Shorting our security-Financing the companies that make nuclear weapons」ICAN and PAX　Utrecht, June 2019

支持する非政府組織の連合体として組織化された活動を始め、17年にノーベル平和賞を受賞している。現在の本部はスイス・ジュネーブ。

——**大量破壊兵器プログラム**　人間を大量に殺戮する破

は核兵器関連だけでなく、民間航空機製造なども手掛けており、融資ランキングが必ずしも核兵器ファイナンスそのもののランキングにはならない。とはいえ、核兵器をビジネスとしている企業のファイナンスのランキングになっているのは間違いない。

いま大手の機関投資家で、武器関連企業への投資を取りやめる動きが広がり始めている。一方で、銀行は倫理的にやや後ろめたさは感じ、取引を手控えるところもあるが、兵器産業には有力企業も多く、取引をやめられない企業も少なくない。

また、大量破壊兵器については、技術的に難しい問題もある。カーネギー国際平和基金のノンレジデント・フェローのトグザン・カセノバは2020年3月に議会で、「**大量破壊兵器プログラム**で使用できるほとんどの商品は、売り上げ確保などのため民間利用の製品としても売られており、国際的な商業市場で手に入る。（中略）金融機関は利用されているわけだが、①武器調達に関連する金融取引を特定するための情報と能力が欠けている、②武器のエンドユーザーとエンドユーザーに関する情報の欠如、③リスク管理への**リスト・スキャン・アプローチ**の限界、とりわけ新しい利用者の金融システムのアクセスには無力、④身元特定能力の限界、とりわけ米国では会社設立時に有益な所有権情報の開示を必要としない、⑤サイバーおよび暗号ドメインの脆弱性——などの問題点が指摘されている」と証言している。

壊効果を持つ核、生物、化学などの兵器の生産、配備、利用などの計画を指す。核兵器に関しては2021年に核兵器禁止条約が発効したが、日本は批准していない。日本では、核や生物、化学兵器に用いられる恐れの強い貨物の輸出については、経済産業省の許可を必要としている。

リスト・スキャン・アプローチ　禁止品目や制裁対象などをまとめた表を使って、該当品目・対象の有無を精査する手法。事故や制度違反などの再発防止には役立つとされる。ただ、これまでの事故、不祥事、処分などにもとづいて作成されるため、新しい動きや新規の違反者防止などの効果は限られる。

3 原子力ファイナンス

イタリア原発に融資した世界銀行の転向

この大量破壊兵器のファイナンスと絡んで注目されてきたのが、原子力発電所のファイナンスである。

第2次世界大戦で米軍が広島と長崎に原子力爆弾を投下し、原爆の悲惨さが示された。しかし、核兵器開発は抑制されるどころか、米国とソ連の間でより強力な核兵器を開発する競争が激しくなる。

この兵器開発の目的で進められた原子力を発電に利用する動きが出てくる。米国の大統領アイゼンハワーが「平和のための原子力発電」を提唱し、原子力発電所を完成させた。

「夢のエネルギー」とまで持ち上げられた、原子力発電所のファイナンスも動き出す。まず動いたのは世界銀行で、1956年に原子力発電の状況を調査し、「いくつかの条件を満たせば原子力発電所はコスト上競争力がある電力供給が可能」としていた。

その条件として、①100メガワット以上の規模で、発電、配電システムと統合されること、②水力発電の潜在可能性が低く燃料コストが高い国で、なおかつ低コストの資金が調達できる国であること、③燃料供給、再処理、部品の輸入について国際的な政府間契約を結べる国であること、④電力料金が柔軟に設定でき、万一原子力発電のコストが予想以上に膨れ上がったときに、超過コストが吸収できること――などを挙げていた。

イタリアは1957年に世界銀行と共同で南イタリアでの原子力発電所の建設可能性の共同調査を始め、同年3月に原子力発電所の建設、運営母体となる機関としてソシエタ・エレクトロヌークレア・ナショナル（SENN）を設立。国際入札を実施し、建設業者に米国のゼネラル・エレクトリック傘下のインターナショナル・ゼネラル・エレクトリックを選んだ。建設するのはローマとナポリの中間に位置するガリリャーノ川沿いで、出力は150メガワットが予定された。

コストや安全性などが検討された。原子炉の温度が急上昇したり、過度の蒸気が出たりする場合はシャットダウンすることや、事故の際に放射能を封じ込めるための鉄の覆いを設けることなどの条件が付けられ、世界銀行は1959年、イタリアの南部開発公庫（カサ・ペー・イル・メッゾジョルノ）に4000万ドルの資金を融資し、同公庫がSENNにその資金を転貸した。原発建設予定額の6640万ドルのほぼ6割を世銀が融資した。融資期間は20年で、据置期間は4年半だった。

その1年前、イタリアと同じ第2次世界大戦の敗戦国だった日本は、世界銀行からの黒部ダムへの借款を取り付け、沸いていた。しかし、当時としては最先端技術への支援を日本ではなく、同じ敗戦国のイタリアが取り付けていたのだ。

ただ、イタリアの原発の稼働率は必ずしも高くなかった。融資したイタリアの状況を見ていた世界銀行は、その後、原子力発電所は経済効率と安全性の面で借款供与の対象にはなじまないと判断した。世銀による原発融資はイタリア向けが最初で最後となり、そのイタリアの原子力発電所も発電機などのトラブルで1978年に運用を停止し、82年に廃炉となった。

原発融資とチェルノブイリ

1970年代に2度のオイルショックで原油価格が高騰したことなどもあって、世界で原子力発電が増えていった。金融機関にとってそうした原発向け融資は、通常の融資とは異なり、採算が不透明、期間が長いなどの課題があり、政府機関との協調融資の形をとったり、政府機関からの保証を取り付けリスクを分散したうえで融資したり、債券発行を組み合わせ、リスクを債券購入者にも負わせるなどの工夫をしたりしながら実施された。活発な建設を進めた米国、フランス、日本などの銀行が、原発を建設する電力会社などへの融資を膨らませていくことになる。

ところが、1979年には米国スリーマイル島の原子力発電所で、炉心溶融（メルトダウン）事故が起きる。また86年には旧ソ連のウクライナにあるチェルノブイリ原発が爆発し、放射性物質が広範囲に拡散、多くの人が被ばくする事故が発生した。

このため脱原発の動きも出てくる。国ではスウェーデンやイタリアが脱原発を決め、企業でも原子力発電関連部門について、スイスのエンジニアリング会社ＡＢＢ（アセア・ブラウン・ボベリ）が米ウエスチングハウスに、ドイツのシーメンスが仏アレバに売却して、撤退した。そうはいってもエネルギー政策上、原子力発電に一定程度頼らざるを得ない国も多く、そうした国では原発融資が続く。

２０１０年にバンクトラック、グリーンピースなどのＮＧＯがまとめたリポート「原発銀行はいらない」（nuclear banks, no thanks）によると、02年から09年に10の銀行が合計９２０億ユーロの原子力ファイナンスを実施している（表６）。

最も多いのはＢＮＰパリバの１３５億ユーロで、バークレイズ、シティ、ソシエテ・ジェネラル、クレディ・アグリコルなどが続いている。

表６　2000–09年の原子力ファンディング供与額　（百万ユーロ）

順位	金融機関	ファンディング額
1	BNP パリバ	13502
2	バークレイズ	11463
3	シティ	11413
4	ソシエテ・ジェネラル	9750
5	クレディアグリコル	9179
6	RBS	8576
7	ドイツ銀行	7842
8	HSBC	7578
9	JP モルガン・チェース	6721
10	中国銀行	6011
11	三菱 UFJ	5389
12	みずほ	4799
19	三井住友	3238
25	野村	2172

（出所）「Nuclear Banks, No Thanks」May 2010.
BANKTrack, GREENPEACE, Urgewald, Les Amis de la Terre, Antiatom Szene, WISE, Compagna per la riforma della Banca Mondiale

国策として原子力産業の振興を図ってきたフランスの銀行の、原発ファイナンスへのコミットの強さが鮮明になっていた。ちなみに、その時点でこの分野での日本勢のランキングは三菱UFJが11位、みずほが12位、三井住友が19位、野村が25位となっている。

東電福島原発メルトダウン――メガバンクの「それでも基幹電源」

その後、2011年には日本において東日本大震災で起きた津波によって、東京電力の福島第一原子力発電所で電源が落ち、原子炉の温度が上昇し炉心溶融が起きた。そのため国・地域ではドイツ、台湾、スイス、ベルギーなどが脱原発の動きに加わるなど、脱原発、反原発の運動が高まりを見せる。原発融資をしていた金融機関への批判も強まり、銀行は一段の対応を迫られた。

銀行側から見ると、福島第一原発の事故は、融資採算上大きな出来事だった。もともと、事故のリスクが指摘されコストがかさみがちだったが、それに加えて、津波などのリスクにも備える必要性が出てきたからだ。また、原発自体がテロで狙われるリスクなどへの対応も迫られ、これまでよりはるかに採算がとりにくい案件となっていった。

さらに、原発の安全性に対する国際的な疑念も高まり、反原発の世論が高まったため、そのファイナンスへの視線も冷え切った。このため、場合によってはブラック融資とまで言われるようになった原発融資を続けるべきかどうかが改めて問われることになる。ただ、大手銀行にとって原発融資は簡単にはやめられない。

例えばドイツ銀行は、ドイツ政府が福島第一原発の事故を受けて2022年までに原発を段階的に廃止する方針を打ち出しているにもかかわらず、原発融資を続ける姿勢を堅持している。

原子力産業を支援しているると批判されているにもかかわらず、関与を続ける理由について、ドイツ銀行は「いまのところ、再生可能エネルギーだけで世界の実質的なエネルギー需要を満たすことは不可能だ。適切と思われる国々では、原子力を含む多様なエネルギーに引き続き融資する。エネルギー需要の増加を考えると、原子力は低炭素発電の主要な供給源であり続ける」と主張している。

ただ、融資に当たっては基準を設けており、例えば、原発の建設、運営の安全基準や、重大な地震、洪水のリスクなども評価する。さらに、原子力安全条約、使用済み燃料管理の安全に関する条約、および放射性廃棄物管理の安全性、原子力事故の早期通知に関する条約および核不拡散条約などを満たしているかどうかなども、融資の判断基準に取り入れている。

メルトダウンを引き起こした福島第一原子力発電所のおひざ元の日本では、ドイツと違い政府自体が脱原発を目指していないどころか、依然として「原子力は日本の基幹電源」との立場を貫いている。

日本の場合、東京電力など大手電力が巨額の原発投資をしてきたため、代替電力への移行を進めると、電力会社の経営が圧迫されかねない事情も背景にある。大手電力会社は邦銀にとって有力顧客だったため、邦銀も「原発は基幹電力」との立場で融資を続けてはいるが、世界的に反原発の機運が高まれば原発ファイナンスの姿勢が批判されかねない。

4 サラ金・消費者金融

高利貸しの闇――反社の取り立て

金融機関の倫理に関して古くから問題視されてきたのが、高利の消費者金融である。資金不足に陥った弱者に、極めて高い金利で貸し付けをする業者は中世から存在した。返済できないと、家財などの財産を没収したり、家族を無理やり働かせて返済をさせたりした。また、取り立てに反社会的勢力を起用するなど、人道上の問題も引き起こしてきた。

日本でも、高利貸しは大きな社会問題となってきた。戦後、そうした問題を防ぐため、金利の上限を定める法律が2つ設けられる。一つは、債務者保護を目的に上限金利を定めた利息制限法（1954年施行）で、上限は元本が10万円未満の場合は20％、10万円以上100万円未満は18％、100万円以上は15％とされている。これは施行後、変わっていない。

もう一つは、出資法（出資の受入れ、預り金及び金利等の取締りに関する法律、1954年施行）。出資の預り金、媒介手数料、金利などを定めてきた。

この出資法の上限金利はかなり高く、長期にわたって高利貸しや悪質な消費者金融を温存させることになる。上限金利は当初109・5％と設定され、63年に73％、86年に54・75％、91年に40・004％、2000年に29・2％と段階的に引き下げられ、12年にはさらに20％まで引き下げた。

問題を複雑にしたのは、上限金利について利息制限法と出資法の2つの法律体系があることだった。利益を最優先に考える消費者金融業者は、当然高い方の金利を採用しがちだった。出資法の上限金利よりは低いものの、利息制限法の上限金利を上回る金利ゾーンは、出資法上は適法、利息制限法上は違法で、グレーゾーン金利と呼ばれることもあった。消費者金融会社は、貸し付けにグレーゾーン金利を使っていた。

高度成長期にはサラリーマンや主婦などが利用していたが、1970年代後半に借金返済の重荷に苦しみ自殺したり、反社会的勢力が激しく取り立てをしたりするケースが相次いだ。借金の重荷に苦しむ状況は、「サラ金地獄」と形容され、国会などでも問題視されたため、86年に出資法の上限が引き下げられている。

それでも、出資法の上限金利はなお50%を超えており、消費者金融は極めて高い利ザヤを謳歌していた。利益を最重視する外資系金融機関から見ると理想に近いビジネスモデルと映り、外資系銀行が消費者金融に貸付原資となる資金を提供したり、消費者金融会社を買収したりしていた。

邦銀勢では、都市銀行はサラ金時代のイメージを警戒して消費者金融向け融資には慎重だったが、メーンバンクとなる企業が少なく融資先に乏しい信託銀行は、消費者金融向け融資を積極的に手掛けていた。例えば1993年度の三井信託銀行の大口融資先の第5位はレイク、三菱信託銀行の同7位はアコムとなっている。

グレーゾーンの撤廃とメガバンクの消費者金融取り込み

状況が変わったのは、2006年だ。最高裁判所が、利息の制限額を超える額の金銭の支払いをした場合は、債務者の自由意思による支払いとはいえず、法律の適格要件を欠くとして、出資法の上限より低いものの、利息制限法の上限を超えるグレーゾーン金利について違法との判断を示した。それを受けて、出資法の上限金利は20%まで引き下げられ、グレーゾーン金利は撤廃された。

さらに、過去に消費者金融から借りていた資金のうち、完済から10年を経過していない分については、グレーゾーン金利を使った過払い分の利息が返還されることになった。これを受けて巨額の過払い金支払い負担が、消費者金融の経営を圧迫した。

一方、社会的批判の強い消費者金融とは距離を置いていた都市銀行は、消費者金融会社をみずからのグループ内に取り込み始めた。出資法の上限金利が引き下げられグレーゾーンという、法解釈上あいまいな金利がなくなったため、取り組みやすくなった。

グレーゾーンはなくなったとはいえ、消費者金融の融資金利水準はなお都銀より大幅に高く、厚い利ザヤが見込めたことも背景にある。現在、三菱ＵＦＪフィナンシャル・グループがアコムを、三井住友フィナンシャルグループがプロミスを、それぞれグループ傘下に抱えている。

大手銀行グループは、消費者金融業務について法令遵守を徹底して実施していると強調している。その一方で、国民生活センターへのフリーローン・サラ金に関する相談はかつてに比べれば大幅に減っているものの、２０１９年で依然2万件を超えている。同センターは「06年に貸金業法が改正されたが、多重債務の相談は依然として寄せられている」としている。

5 カジノ・賭博ファイナンス

射幸心は蜜の味――パチンコ・宝くじのカジノ大国

賭博は射幸心をかき立て、娯楽として古くから広がってきた。その一方で、勤労意欲の低下を招くとの批判も多いほか、実際の賭博の場では反社会的な勢力が不正などにかかわることもあって規制下に置かれてきた。そのため、銀行などの賭博への関わり方が問われている。

日本では、賭博は刑法で禁止されている。その一方で、競馬や競輪などの公営ギャンブルや、宝くじ、スポーツ振興くじなどは特別に認められてきた。金融機関は、法律で認められる範囲での賭博については、結構関与している。

例えば公営ギャンブルでは、馬券など掛け金の徴収や、当たり馬券の払い出しなど、決済にかかわる金融の仕事が多い。また、顧客に対する、賭けの資金融資などの需要も発生する。

銀行の関与例で典型的なのは、宝くじである。都道府県など自治体によって構成される「全国自治宝くじ事務協議会」が発行を計画、総務省の許可を得たうえで、実際の業務をみずほ銀行に委託している。もともと旧日本勧業銀行に委託されたものだが、その利権を、第一勧業銀行、みずほ銀行が引き継いでいるのだ。形のうえでは公営だが、実際の業務を受託し、取り仕切っているのは、みずほ銀行というのが実態である。

民間では、パチンコがある。パチンコは、日本では風営法（風俗営業等の規制及び業務の適正化等に関する法律）で、「設備を設けて客に射幸心をそそるおそれのある遊技をさせる営業」と規定されている。そのため警察の営業許可が必要と規定されている。

また、取得したパチンコの玉を景品と交換し、その景品を景品交換所で現金と交換することで、遊技の結果が直接現金に結びつかない形にしている。これによって、刑法で禁止される賭博とは異なる外形を保っている。

ただ、国際的にはパチンコは、賭博と位置付けられている。パチンコの市場規模は年間20兆円を超えたこともあって、これを含めると日本は賭博大国と認識されている。

パチンコ・ファイナンスを支えた民族系金融機関

パチンコを金融面で支えてきたのは金融機関だ。パチンコ・ホールは1960年代以降3回にわたり開設ブームがあったが、開設の中心は在日外国人系の企業だった。

そのため、開設資金などの融資は、主に韓国系は民団系列の「商銀」が、北朝鮮系は朝鮮総連系の「朝銀」が、それぞれ支えた。ただ民族系金融機関は規模が小さいため、地域の信用金庫や第二地方銀行などが融資に加わることもあった。

都市銀行が関与する例は、全体の1割以下にとどまっていたと見られている。当時、都銀はパチンコ・ホール融資について、「在日外国人の経営者への融資審査が難しい」「パチンコは賭博的な側面があり、社会的責任の大きい都銀の融資対象にはなじみにくい」などと、やや慎重な姿勢を維持していた。

ただ、2020年のコロナウイルスの感染拡大に伴い業績が悪化するパチンコ・ホールが増えた。東京都知事などが緊急事態宣言の発出に伴いパチンコ・ホールの休業を要請し、従わないホールの名前を公表するなど事実上の業務停止圧力をかけたためだ。

感染症が拡大しているときに賭博はけしからんという大衆受けする行政行為だが、パチンコ台に向かい黙々と打つ行為が感染源になるリスクは、密な空間で声を出しているにもかかわらず制限がかからない企業のコールセンターなどに比べて低く、科学的根拠に欠ける措置だった。

とはいえ、都知事などがテレビでパチンコ・ホール悪玉論を振りかざした影響は大きく、パチンコ・ホールの客足は遠のき、緊急事態宣言が出ていない地方などで閉店に追い込まれるホールもあった。

パチンコ・ホール組合の共同組織連合会である全日本遊技事業協同組合連合会など

は、パチンコ・ホールを融資対象から外している日本政策金融公庫、商工組合中央金庫、信用保証協会の監督官庁である財務省、中小企業庁に対し、見直しを要請した。

財務省などは2021年に、日本政策金融公庫、商工組合中央金庫および信用保証協会がパチンコ・ホールを融資・保証の対象とし、パチンコ・ホールなどが日本政策金融公庫の「**セーフティネット貸付**」などを受けることに制約はなくなった。政府系が関与することで、地銀や都銀が慎重な融資方針を見直す可能性がある。

バンク・オーストラリアの「ノー・カジノ」

これから大きな焦点になるのが、カジノ向け金融だ。世界的には、富裕層を対象にしたカジノ施設設置競争が過熱している。アジアでは大型カジノ施設で富裕層を集客したマカオが、カジノ収入で米ラスベガスを抜き世界一となり、経済的にも大きな成功を収めた。そのため富裕層顧客の流出を懸念したシンガポールがカジノを解禁し、集客増に成功している。カジノ建設には巨額の資金が必要で、その資金調達は金融機関にとっても有力ビジネスになっている。

ただ、その一方で社会的責任が問われる金融機関が、賭博を助長することには慎重な意見も根強い。そのため例えばバンク・オーストラリアは、ギャンブルが及ぼす悪影響にかんがみて、「カジノ」「オンライン・ギャンブル・オペレーター」「ポーカー・

セーフティネット貸付
政府系金融機関の日本政策金融公庫などが運営する制度融資。社会的、経済的環境の変化など外的要因によって、売り上げや利益が減少した中小企業・小規模事業者を対象に運転資金や設備資金を融資する。新型コロナウイルスの感染拡大などの危機に対応して、中小企業の倒産を防ぐ役割を果たしている。貸出金利が極端に低いため企業財務の支援効果は高いものの、事実上、存続が難しくなった企業の倒産を先延ばしし続けることで、企業の新規参入を妨げているとの指摘もある。

マシーンやスポーツに関する賭けなどから直接利益を得るビジネス」には融資をしないとの方針を掲げている。

この問題は日本にも波及しようとしている。日本では2018年には**統合型リゾート施設（IR）整備法**が成立し、IRの一部としてではあるが、免許制のカジノ営業が法律で認められた。カジノは賭博そのもので、公営ではなく、民間の営業として合法化するのは初めてである。カジノ事業者に、利用客への金銭の貸し付けも認めている。

カジノを認めたのは、訪日観光の振興や、雇用の促進などのためだ。その一方で、ギャンブル依存症に苦しむ人が増える、治安が悪化する、などの批判も根強い。

問われるIR融資――マネロン対策は十分か

焦点になるのは金融機関の取り組みだ。IR整備法で規定されたので、その範囲のカジノ向け融資は合法となり、銀行は意思さえあれば、お金は貸せる。

カジノに関しては、三井不動産、フジ・メディア・ホールディングス、鹿島建設が、東京都にカジノを含むIR建設構想を示していたことが知られている。

また、機器を提供する可能性のあるセガサミーホールディングスやコナミ、カジノ運営にかかわる可能性のあるラスベガス・サンズ（コロナウイルスの感染拡大を受け

統合型リゾート施設（IR）整備法
2018年に可決・成立した特定複合観光施設区域整備法。それまで刑法で賭博行為に当たると禁止してきたカジノを、観光振興のためとして条件付きで解禁したのが特徴。カジノ法案とも呼ばれている。大阪府などが誘致に名乗りを上げているが、ギャンブル依存症の増加や、マネーロンダリングの場として利用されることへの懸念も根強い。

日本の構想からは撤退）、ウィン・リゾーツ、ゲンティン・シンガポールなどは有力企業だ。金融機関にとっては、悪くない融資先に映る。

ただ、ＩＲの一部であってもカジノが射幸心をあおるのは間違いない。制限がかけられるとはいえ、依存症に陥る人が増える恐れはある。これまで社会的責任のある銀行が射幸心をあおるのはいかがなものかと距離を置いてきた経緯があるだけに、その姿勢を変えられるのかどうかが問われる。

さらに難しいのが、カジノは国際的にマネーロンダリング（資金洗浄）に利用されるケースが増えていることだ。マネロン対策などを扱う国際機関、金融活動作業部会（ＦＡＴＦ）は「カジノとゲーム・セクターの脆弱性」というリポートを出しているほど。そのなかで、カジノは巨額の資金がキャッシュで行き交い、マネロンに利用されやすいと指摘している。日本の金融機関はマネロン・テロ資金根絶対策がお粗末と指摘されるなかで、利益が上がるからとカジノ・ファイナンスを手掛けていいのかどうか。

カジノは政府が推進してきたプロジェクトでもあり、その面では推進派の政治家からファイナンス面でも銀行に協力圧力がかかる可能性はある。社会的責任をうたってきた銀行の出方が見ものだ。

6 プラスチック・ファイナンス

警戒強まる海洋プラスチック――憲章採択見送った安倍政権

環境問題のなかで、近年注目度が高まっているのは、海洋プラスチックの問題だ。プラスチックは便利でさまざまな用途で使われているが、便利な分、利用も広がり、きっちり処理されず環境中に流出する量も多い。その一部が河川などを通して、最終的に海洋に行き着くとされる。

すでに海にはプラスチックごみが1億5000万トン存在し、さらに毎年800万トンが流れ込んでいる。そして、そのプラスチックが細かくなったマイクロ・プラスチックは、魚などに取り込まれ、生態系にも大きな影響を与えている。

そうした状況を受けて、国連は2015年に示した「持続可能な開発のための2030アジェンダ」とその17の持続可能な開発目標（SDGs）の目標の一つに、「2030年までに、海洋ごみや富栄養化を含む、特に陸上活動による汚染など、あらゆる種類の海洋汚染を防止し、大幅に削減する」を掲げた。

先進国の政策協調の課題として2018年にカナダで開いたG7シャルルボワ・サミットで議論され、「健全な海洋及び強じんな沿岸コミュニティのためのシャルルボワ・ブループリント」と題する成果文書のなかで、「我々は海洋プラスチック廃棄物及び海洋ごみの生態系への脅威の緊急性を認識する。我々は陸上及び海上におけるプラスチック管理に関するライフサイクル・アプローチを取り、より資源効率的で持続可能なプラスチックの管理に移行することにコミットする」とした。

サミット閉会日に議長国カナダは、2030年までに先進国で問題に取り組んでいく大枠を定めた「海洋プラスチック憲章」を提示した。生産に関して「30年までに、再利用可能、リサイクル可能、または実行可能な代替手段が存在しない場合は回収可能なプラスチックの比率を100%にするように業界と協力する」「30年までにプラスチック製品のリサイクル含有量を少なくとも50%増加させるために、業界と協力する」、収集に関して「30年までにプラスチック・パッケージの少なくとも55%をリサイクルおよび再利用し、40年までにすべてのプラスチックを100%回収する」など、数値目標を盛り込んだ真剣な取り組みだったが、採択したのはカナダのほか英国、ドイツ、フランス、イタリアと欧州連合で、米国のトランプ政権と日本の安倍政権は採択を見送っている。

ただ、日本は、プラスチック生産で世界3位。プラスチックごみ対策としてコンビニやスーパーのレジ袋は有料化したが、利用の多いペットボトルなど問題は多い。また日本は焼却処理する比率が高く、その分、海洋ゴミになる程度は幾分抑えられている可能性はあるが、熱処理の段階も含めて考えると温室効果ガスの削減につながっていないとの指摘もある。さらに、プラスチックごみを資源だとして中国などに輸出していたが、中国が輸入制限を始めたため、ほかのアジア諸国への輸出に動いた。自国のごみ削減に真剣に取り組まず、アジアに押し付ける姿勢には、批判も出ている。

冷ややかな視線にさらされるなか、日本は2019年に大阪でG20サミットを開くことになる。50年までに海洋プラスチックごみによる追加的な汚染をゼロにまで削減することを目指す「大阪ブルー・オーシャン・ビジョン」を共有し、「G20海洋プラスチックごみ対策実施枠組」をまとめた。

G7以外も巻き込んだとはいえ、内容についてはリサイクルや回収の数値目標を盛り込まないのに加え、プラスチックごみによる新たな汚染ゼロの目標年次も2050年とカナダの「海洋プラスチック憲章」に比べ見劣りする結果となった。

ライフサイクルを追え

G7やG20などの議論を経て、プラスチックごみの削減には、ごみの総量抑制（Reduce）、再利用（Reuse）、リサイクル（Recycle）の3Rが必要というのが、世界の主要国の基本認識になっている。

こうしたなか、欧米ではプラスチックごみを抑えるため、プラスチックのライフサイクルに関わる企業と、その企業にファイナンスをつけている金融機関を特定し、プラスチックごみの削減に取り組んでもらおうとする機運が強まっている。

ドイツの非政府組織のフェーシング・ファイナンスは、2020年12月にまとめた報告書「ダーティー・プロフィット8――プラスチックの利益：使い捨てられるプラスチック、使い捨てられない地球」のなかで欧州の8金融機関のプラスチック産業へのファイナンスを分析している。

そのなかで「金融機関は、米エクソン・モービルと蘭シェルなどプラスチックの原料となる石油、独BASFと英イネオスなど化学、米コカ・コーラやスイスのネスレなど消費財メーカーなどに投資している」と、金融機関のプラスチック産業への関与を強調。そのうえで欧州の有力8銀行のプラスチック産業大手14社に対するファイナンス額と、投資額を示している。

ファイナンス額は2017年1月から20年10月までの合計額で、銀行ではHSBCが246億5500万ユーロと最も多く、ドイツ銀行（216億9300万ユーロ）、BNPパリバ（169億5500万ユーロ）が続いている。投資額ではUBSの285億1100億ユーロが最多で、ドイツ銀行（114億5600万ユーロ）が続いている。

欧州だけでなく、グローバルな動向に関しては、環境NGOのポートフォリオ・アースが銀行業との関係を分析している。まずプラスチックに関して、関連企業を分類し、それを2015年1月から、20年9月までの間にファイナンス（融資と債券引受額の合計1・7兆ドル）している金融機関を示している。

プラスチック生原料生産者として挙げられているのは独BASF、米シェブロン・フィリップス・ケミカルなど10社で、その10社へのファイナンス・トップは米国のシティの447億ドルで、JPモルガン・チェース、バンク・オブ・アメリカが続く。この項目の8位にみずほが、10位にSMBCが入っている。

プラスチック・パッケージング生産として豪アムコア（登記上の本社スイス、米ビーマスを買収）、米アプターグループなど10社を挙げており、その関連ファイナンスではクレディ・スイスの123億ドルが最も多く、ゴールドマン・サックス、ウエルスファーゴが続く。

消費財（FMCG）の会社として挙げられたのは、米アンホイザー・ブッシュ、米コカ・コーラなど10社。そのファイナンスではバンク・オブ・アメリカの672億ドルがトップで、シティグループ、ドイツ銀行が続く。

さらに小売業者として蘭アホールド・デレーズ、米アマゾン・ドットコムなど10社をピックアップし、ファイナンスはバンク・オブ・アメリカの590億ドルがトップで、ゴールドマン・サックス、JPモルガン・チェースが続くとしている。ここでは、

9位にみずほ、10位に三菱UFJが入っている。

こうしたプラスチックのサプライチェーン関連の40社向けファイナンス合計額のランキングも示されており、トップがバンク・オブ・アメリカの1717億ドル（ローンと引受けの合計）で、シティ、JPモルガン・チェースが続いている。日本勢はみずほが11位、三菱UFJが12位、SMFGが16位になっている（表7）。

ポートフォリオ・アースの分析は、関連会社40社の財務資料と、関連金融機関のファイナンスデータを突き合わせる形で、ランキングを出している。プラスチック業界のファイナンス状況のベースが浮かび上がったのは間違いない。

ただ、プラスチックが海洋ゴミの形で汚染を引き起こしている面がある一方で、建築資材など経済に欠かせない用途で使われているものもある。それらをすべてひとくくりにして悪と決めつけるのはやや乱暴な面もある。ファイナンスの構図を理解したうえで、汚染につながるような利用をどう

表7　プラスチック・パッケージのサプライチェーンに関わる大手40社向け貸出・引き受け額（2015.1-20.9、十億ドル）

順位	金融機関	貸出総額
1	バンク・オブ・アメリカ	171
2	シティグループ	146
3	JP モルガン・チェース	143
4	バークレイズ	117
5	ゴールドマン・サックス	97
6	HSBC	96
7	ドイツ銀行	77
8	ウエルスファーゴ	74
9	BNP パリバ	55
10	モルガン・スタンレー	54
11	みずほフィナンシャルグループ	50
12	三菱 UFJ フィナンシャル・グループ	43
16	三井住友フィナンシャルグループ	33

（出所）「Bankrolling Plastics, The Banks that funding plastic packaging pollution」Portfolio Earth January2021

抑えていくのか、それに金融機関がどう協力していくのか、真剣な議論が必要だろう。

7　温暖化促進ファイナンス

3兆8000億ドルの化石燃料ファイナンス

２０１５年にパリで開いたＣＯＰ21では、各国が削減目標を作成し、目標達成のための対策をとることを義務付けるパリ協定を採択した。欧州連合（ＥＵ）は18年に、50年までにカーボン・ニュートラルを目指す長期戦略を掲げ、19年にその具体策として欧州グリーン・ディールを打ち出した。また20年には、中国が60年までにＣＯ₂排出量実質ゼロを目指す意向を表明し、21年に誕生した米バイデン政権がパリ協定復帰を決めるなど、世界的に温暖化防止の流れが強まっている。

そうしたなか、例えば自動車では化石燃料に依存しない電気自動車の普及を目指すなど、さまざまな産業で温暖化防止に向けた取り組みが始まっている。温暖化の取り組みについては、企業レベルで温度差があるため、取り組みの進んだ企業への投資を促す一方で、取り組みをしなかったり、対応が遅かったりする企業への投融資抑制を求める声も出始めている。

ＮＧＯなどは温暖化ガスの排出などを基準に、どの投資家や金融機関が積極的か、消極的かをランキングして発表する動きを強めている。それは温暖化防止の世論が強まるなかでは、実質的にブラックリスト的な役割を果たすことになり、金融機関はブラックリスト入りを回避するため対応を迫られている。

NGOのバンクトラックなどは、2021年3月に銀行の環境破壊への関わりを分析するリポート「気候カオスのバンキング　化石燃料へのファイナンス・リポート」を発表した。

そのなかで、2016年から20年の5年間に銀行が実施した化石燃料ファイナンス総額のランキングをまとめている。パリ条約が締結されて以降5年間で、世界の主要銀行60行が実施した化石燃料ファイナンスの総額は3兆8000億ドルにも上る。これはドイツの1年のGDPに匹敵する規模であり、温暖化防止が叫ばれるなかにあっても化石燃料依存が引き下げられない実態を如実に示している。

個別銀行をみると、トップは米JPモルガン・チェースの3160億ドルで、シティ、

表8　化石燃料のライフサイクルに関係する2300企業へのファイナンス総額（2016年から20年の合計、10億ドル）

順位	金融機関	ファイナンス額
1	JP モルガン・チェース	316
2	シティ	237
3	ウエルスファーゴ	223
4	バンク・オブ・アメリカ	198
5	RBC	160
6	三菱 UFJ フィナンシャル・グループ	147
7	バークレイズ	144
8	みずほフィナンシャルグループ	123
9	TD	121
10	BNP パリバ	120
18	三井住友フィナンシャルグループ	86

（出所）「Banking on CLIMATE CHAOS Fosil fuel finance report 2021」March 24, 2021, Rainforest action network, BANKTRACK, INDIGENOUS environmental network, Oilchance, Reclaim finance, Sierra Club

ウエルスファーゴ、バンク・オブ・アメリカが続いている（表8）。

銀行にとってエネルギー・ファイナンスは、エネルギー確保という国策遂行の一環でもあり、政治的に重要なビジネスだった。特に石油・ガス関連は開発に膨大な資金が必要となり、ファイナンス額も巨額にのぼり、銀行融資の中核の地位を占めてきた。このため融資額が多いからと、即非難されるわけではない。

ただ、パリ協定で主要国がネット・ゼロ社会を目指すことを確認した状況においては、これまでと同じように化石燃料依存を続けていいわけではない。化石燃料ファイナンスが多い金融機関は、エネルギー源を化石燃料から再生エネルギーに移行させていくため、融資面でも化石燃料ファイナンスを圧縮していく方向性を模索する必要がある。その意味で、化石燃料ファイナンスの多い銀行は、それだけ多くの課題を抱えていることを意味する。

カナダ銀タール・サンド融資と米銀シェール・オイル融資

この化石燃料ファイナンスについてバンクトラックは、分野別でも金融機関のランキングを示している。

石油ガスなどの開発は、それが化石燃料として使われ二酸化炭素を排出するという問題だけでなく、その開発・採掘などの過程でさまざまな環境被害をも生み出す。

典型的な例がタール・サンド（オイル・サンド）である。掘削地域から水を抜き、森林などを取り除き、タールがしみ込んだ堆積物を露出させる。その時点で二酸化炭素を吸収する森林が破壊され、そこに住む動植物を死滅させる。

堆積物を大型ショベルですくい上げ、巨大なダンプカーで、抽出工場に運ぶ。その際に、ショベル、ダンプを動かすため大量のディーゼル・エンジンを使用する。

タール・サンドが深いところにある場合は、高温の蒸気を注入して、液体を抽出するのだが、そこでは、汚染水が発生し、健康被害をもたらすリスクが生じる。

タール・サンドの大産地はカナダである。開発会社は開発・採掘段階で排出される温暖化ガスが多いことは認めつつも、大消費地である米国に近いエネルギー源は魅力的に映る。

カナダ政府は「タール・サンドは北米のエネルギー安全保障にとって重要

表9　タール・サンド・オイル生産上位30社、パイプライン上位5社への2016–20年ファイナンス総額（10億ドル）

順位	金融機関	ファイナンス額
1	TD	24.2
2	RBC	22.5
3	JP モルガン・チェース	12.1
4	CIBC	11.0
5	バンク・オブ・モントリオール	10.0
6	スコシアバンク	8.6
7	バークレイズ	3.9
8	バンク・オブ・アメリカ	3.6
9	シティ	3.4
10	HSBC	3.0
12	三菱 UFJ フィナンシャル・グループ	1.5
18	みずほフィナンシャルグループ	0.7
22	三井住友フィナンシャルグループ	0.4

（出所）「Banking on CLIMATE CHAOS Fosil fuel finance report 2021」March 24, 2021, Rainforest action network, BANKTRACK, INDIGENOUS environmental network, Oilchance, Reclaim finance, Sierra Club

だ」と強調し、金融面ではタール・サンド関連ファイナンスでトップのトロント・ドミニオン（TD）などカナダ勢が目立っている（表9）。カナダ政府やカナダの銀行は、環境問題などに関してはクリーンなイメージを持たれているが、ことタール・サンドの話になるとまるで別人のようだ。

タール・サンドと並び環境問題が懸念されているのが、シェール・オイル、シェール・ガスである。シェール・ガスの採掘は、まず1000メートル以上の縦穴を掘り、パイプに、水に砂状の物質などを混ぜたフラクチャリング流体と呼ばれる液体を注入し、シェール・ガス層に届いたら、そこから横穴を掘って、パイプをつくっていく。パイプから高い圧力をかけることで、シェール・ガス層にフラクチャー（割れ目）をつくり、そこからガスを回収する。

これは水圧破砕法と呼ばれているが、問題は使ったフラクチャリング流体が地下に残ったり、地上で回収された後に井戸に捨てられたりして、地下水などの水質汚染を引き起こすことだ。地下水を飲料用として使うことが多い米国では、地下水による周辺住民の健康被害が懸念されている。

ただ、シェール・ガスやシェール・オイルは、米国のエネルギー戦略上欠かせない重要資源だ。その開発によって米国は世界最大の石油産油国になり、石油輸出国機構（OPEC）などが握っていた原油の価格決定メカニズムに強力なくさびを打ち込むことに成功している。まさにエネルギー安全保障の切り札だった。

そうした事情もあって、ファイナンスでは米銀が圧倒的な存在感を示している。ファイナンス額のトップはウエルスファーゴで、ファイナンス額は5年で539億ドルにのぼっている（表10）。

シェール・オイル・ガス開発ではトランプ政権が積極的だったことが知られているが、その前のオバマ政権下から採掘が加速し始めており、まさに民主党、共和党を問わず、推進し、その結果が米銀による巨額ファイナンスにつながっている。環境重視を掲げるバイデンだが、エネルギー安全保障と大きくかかわる問題だけに、どれだけ有効な対策が打ち出せるかは不透明だ。

表10　水圧破砕法を利用した石油・ガス開発上位30社とパイプライン上位10社向け2016-20年ファイナンス総額　（10億ドル）

順位	金融機関	ファイナンス額
1	ウエルスファーゴ	53.9
2	JP モルガン・チェース	52.2
3	シティ	38.92
4	バンク・オブ・アメリカ	38.90
5	バークレイズ	23.9
6	三菱 UFJ フィナンシャル・グループ	21.7
7	みずほフィナンシャルグループ	19.7
8	スコシアバンク	18.2
9	RBC	16.0
10	クレディスイス	16.0
17	三井住友フィナンシャルグループ	7.1

（出所）「Banking on CLIMATE CHAOS Fosil fuel finance report 2021」March 24, 2021, Rainforest action network, BANKTRACK, INDIGENOUS environmental network, Oilchance, Reclaim finance, Sierra Club

海底に注目――北極海での戦略融資

石油・ガス開発に関しては、海底での探査・開発も問題視されている。海底油田に関しては、中東などの既存の石油資源の枯渇が懸念されるなかで、新たな資源として注目され、メキシコ湾や北海、ギニア湾などで実施されてきた。原油価格が高騰したこともあり、コストがかかる深海（ディープ・ウォーター）の探査・開発も少なくない。

しかし、2010年にメキシコ湾のミシシッピ川河口（ルイジアナ州ベニス）沖の石油掘削施設で、石油メジャー（国際石油資本）の一つ、英BP社の海底油田から7万から11万キロリットルの原油が海底に流出する史上最大の原油流出事故が起きた。水質や周辺の生態系に甚大な影響を与えたとされる。石油会社の利益のために、環境への深刻な影響を与えるリスクを抱えながら、温暖化を加速しかねない化石燃料を探査・開発することには批判が根強い。

この分野でのファイナンス額トップは、BNPパリバの293億ドルで、米大手銀行が続いている（表11）。油田候補が深海の場合、探査・開発には巨額の資金が必要

表11　海底石油ガス企業上位30社向け2016–20年のファイナンス総額（10億ドル）

順位	金融機関	ファイナンス額
1	BNP パリバ	29.3
2	JP モルガン・チェース	29.0
3	シティ	28.3
4	バンク・オブ・アメリカ	24.5
5	HSBC	21.6
6	モルガンスタンレー	17.1
7	バークレイズ	15.8
8	クレディアグリコル	14.7
9	みずほフィナンシャルグループ	12.6
10	ゴールドマン・サックス	11.6
11	三井住友フィナンシャルグループ	11.2
13	三菱 UFJ フィナンシャル・グループ	10.5

（出所）「Banking on CLIMATE CHAOS Fosil fuel finance report 2021」March 24, 2021, Rainforest action network, BANKTRACK, INDIGENOUS environmental network, Oilchance, Reclaim finance, Sierra Club

になることなどもあり、融資額はかなりの規模になっている。

戦略的に注目されているのは、北極圏の石油・ガス開発である。北極海には、世界の炭化水素埋蔵量の2割強が埋まっているとされる。最近までこの地域の海底油田は、氷に阻まれ掘削できなかったが、温暖化で氷の縮小が見込まれ、航路が開けつつあることから、海底資源への注目度が高まっている。

ただ、環境破壊へのリスクはかなり高いと見られている。万一、海底油田からの流出事故が起きた場合、氷の存在が障壁になる。温暖化しているとはいえ、冬場の気象条件は厳しく、対応の難しさはメキシコ湾の比ではない。

とはいえ、この地域に眠る資源の巨大さと、この地域の開発をめぐる政治的な駆け引きも絡んで、開発は抑制されるどころか、加速する気配がある。

金融機関は開発に伴う環境破壊への配慮は示すものの、新たに開けた北極海でのビ

表12　北極圏で活動する石油ガス上位30社向け2016-20年ファイナンス総額　（10億ドル）

順位	金融機関	ファイナンス額
1	JP モルガン・チェース	2.27
2	中国工商銀行	2.25
3	中国民生銀行	2.15
4	ズベルバンク	1.94
5	シティ	1.50
6	ウニクレディト	1.49
7	バークレイズ	1.42
8	中国銀行	1.40
9	クレディアグリコル	1.39
10	ソシエテ・ジェネラル	1.15
12	三菱 UFJ フィナンシャル・グループ	1.04
14	三井住友フィナンシャルグループ	0.85
15	みずほフィナンシャルグループ	0.82

（出所）「Banking on CLIMATE CHAOS Fosil fuel finance report 2021」March 24, 2021, Rainforest action network, BANKTRACK, INDIGENOUS environmental network, Oilchance, Reclaim finance, Sierra Club

ジネス・チャンスへの布石を優先している。

北極海の石油ガス開発会社などへの5年間のファイナンス額トップは、アラスカ州が北極海に面している米国のJPモルガン・チェースの22億ドルだ（表12）。北極海沿いに最長の海岸線を有するロシアのズベルバンクが4位となっている。

北極海とは直接には関係しないが、利権に食い込みをうかがう中国の中国工商銀行、中国民生銀行がそれぞれ2、3位につけるなど、政治色が強いファイナンスの動きになっている。

表13　石炭採掘上位30社向け2016-20年ファイナンス総額（10億ドル）

順位	金融機関	ファイナンス額
1	興業銀行	17.4
2	中国建設銀行	12.4
3	中国銀行	12.2
4	上海浦東発展銀行	9.0
5	中信銀行	6.9
6	中国交通銀行	6.9
7	中国工商銀行	6.6
8	中国光大銀行	6.1
9	中国平安	5.7
10	中国招商銀行	4.8
26	三菱UFJフィナンシャル・グループ	0.5
38	みずほフィナンシャルグループ	0.3
44	三井住友フィナンシャルグループ	0.2

（出所）「Banking on CLIMATE CHAOS Fosil fuel finance report 2021」March 24, 2021, Rainforest action network, BANKTRACK, INDIGENOUS environmental network, Oilchance, Reclaim financ, Sierra Club

中国勢が独走する石炭採掘と石炭火力

温暖化ガスの排出に関して、最も問題視されているのは、石炭だ。ネット・ゼロ社会に向けて、石炭依存の引き下げが大きな課題になっている。

その石炭の採掘量は、中国が断トツで世界一である。そのため採掘を担う企業のフアイナンスも中国勢が突出しており、採掘上位会社に対する5年間のファイナンス額合計のランキングでは、トップの興業銀行以下、10位まですべて中国の銀行となっている（表13）。

当然、石炭の消費量も中国が圧倒的に多く、石炭火力発電会社のファイナンスも中国勢が圧倒している。5年合計のファイナンス額トップは中国銀行の227億ドルで、ここでも上位10行はすべて中国勢だ（表14）。

中国は巨大な人口を抱える途上国で、その発展のために、利用可能な資源を開発して、使わざるを得なかった側面がある。ドイツや日本でも石炭を利用した電力で高度成長を支えてきた。過去にそうした歴史がある先進国が、発展途上にある国が貧困から抜け出すため利用しやすいエネルギー源を使っていることを、一方的に批判するのは公平ではない。

ただ、中国の場合、貧困から脱却し経済的に余裕が生まれているのに加え、経済規

表14　石炭火力発電上位30社向け2016-20年ファイナンス総額（10億ドル）

順位	金融機関	ファイナンス額
1	中国銀行	22.7
2	中国工商銀行	22.3
3	中信銀行	18.4
4	中国農業銀行	16.0
5	中国建設銀行	15.8
6	中国平安	13.4
7	中国招商銀行	12.3
8	上海浦東発展銀行	9.5
9	興業銀行	8.5
10	中国光大銀行	7.9
12	三菱UFJフィナンシャル・グループ	5.7
13	みずほフィナンシャルグループ	4.1
22	三井住友フィナンシャルグループ	2.1

（出所）「Banking on CLIMATE CHAOS Fosil fuel finance report 2021」March 24, 2021, Rainforest action network, BANKTRACK, INDIGENOUS environmental network, Oilchance, Reclaim finance, Sierra Club

模が大きく石炭依存を続けると環境への負荷があまりにも大きい。中国内では深刻な大気汚染や水質汚染が起きているのも事実であり、石炭採掘、石炭火力を見直す段階にきているのは間違いない。

石炭火力発電のファイナンスで、5年間のファイナンス額ランキングの10位以下を見ると、MUFGが12位、みずほが13位、SMBCが22位と日本勢もかなりの存在感を見せている。

日本は高度な技術力で温暖化ガスの排出量は抑えられていると主張している。しかし温暖化ガス排出削減が叫ばれて久しいのに、いまだに石炭火力依存度が高いことへの批判は根強い。

液化天然ガスもクリーンではない――メガバンクそろい踏み

日本の場合、液化天然ガス依存が高いことが特徴になっている。天然ガスを燃やした時の二酸化炭素の排出量は石炭の半分程度で、石炭では発生する硫黄酸化物や煤塵もほとんど発生しない。

表15　液化天然ガス（LNG）の輸出・輸入会社上位30社向け2016–20年ファイナンス総額（10億ドル）

順位	金融機関	ファイナンス額
1	モルガンスタンレー	8.6
2	シティ	8.1
3	JP モルガン・チェース	7.8
4	バンク・オブ・アメリカ	6.55
5	三井住友フィナンシャルグループ	6.54
6	みずほフィナンシャルグループ	6.4
7	ソシエテ・ジェネラル	6.1
8	三菱 UFJ フィナンシャル・グループ	5.0
9	BNP パリバ	4.5
10	HSBC	4.3

（出所）「Banking on CLIMATE CHAOS Fosil fuel finance report 2021」March 24, 2021, Rainforest action network, BANKTRACK, INDIGENOUS environmental network, Oilchance, Reclaim finance, Sierra Club

このため液化天然ガス関連企業向けファイナンスも盛んで、5年間の融資額ランキングを見るとモルガンスタンレーがトップだが、上位10位のなかに三井住友フィナンシャルグループ、みずほフィナンシャルグループ、三菱UFJフィナンシャル・グループの3メガバンクが、そろい踏みで入っている（表15）。

しかし、液化天然ガスも一定の二酸化炭素を排出するのは事実で、経済成長に伴い利用が増えていくと、環境への負荷も高まる。

また、中東など産出国から、利用地の日本まで運ぶ間に、タンカーなどが無視できない量の温暖化ガスを排出しているとの批判もある。

米国のNGOである**天然資源防護協議会（NRDC）**が2020年12月に発表したリポート「どこにも航海しない――液化天然ガスは効果的な気候戦略ではない」は、「液化天然ガスはクリーンでも、排出量が特に低いわけでもない。よりダーティーな化石燃料を液化天然ガスに置き換えることは、温暖化を進める排出量を削減する有効な戦略にはならない」と指摘している。

邦銀は石炭火力へのファイナンスが最も厳しく批判されているが、それを安易に液化天然ガスに切り替えればいいというものではない。ネット・ゼロに向け、液化天然ガス・ファイナンスのありかたにもメスが入れられる可能性がある。

天然資源防護協議会（NRDC）
環境運動家や弁護士などが1970年に米国で設立した非営利組織。70年代から水質や大気の浄化を訴え、80年代のオゾン層破壊防止、回復には大きな影響を与えた。近年は気候変動問題に力を入れ、炭素汚染の防止、クリーン・エネルギーの拡大などを訴えている。

第4章　サステナブル・ファイナンス――金融の新しい流儀

銀行など金融機関は、新しい価値観にもとづいて活動の全面的な見直しを迫られている。組織の在り方から、融資の仕方まで、「サステナブル」かどうかで評価される時代に突入しつつある。サステナブルな事業に資金を流すことが推奨され、その新しいマネーの流れが急速に拡大しようとしている。

1　人権重視ファイナンス

女工哀史から技能実習生まで

人が生まれながらに持つ生きるための基本的な権利である「人権」は、フランスの人権宣言など18世紀の市民革命のなかで確立されてきた。１９４８年に国連はパリで開いた総会で、普遍的に保護されるべき基本的人権を定めた「世界人権宣言」を採択した。

人が生命、自由、安全に関する権利を持っていることや、法の下の平等、プライバシーの保護、信教の自由、表現の自由、集会結社の自由などをうたっている。

実際には、基本的人権は簡単には根付かなかった。米国の大統領、エイブラハム・リンカーンによる奴隷解放宣言は有名だが、黒人に対する差別は根強く残り、21世紀のコロナ禍でも白人に比べ、黒人の死亡率が高いといった事態が見られた。

ビジネス活動でも、利益を優先して基本的な人権がしばしば侵害されてきた。先進国の鉱山企業が、途上国で現地の人々を強制労働させ、有害物質をたれ流しながら、資源開発を行うような例だ。小学校や中学校に通うべき児童を働かせるケースも、後を絶たない。

日本でもかつて『女工哀史』に代表されるように、国家のために個々の女性の人権を無視して働かせる工場が少なからずあった。さすがに最近では、日本人を非人道的な環境で働かせるケースは減っているが、外国人の技能実習生や留学生を低賃金で長期間働かせるといった例は多い。

近年、人権が重視されるきっかけとなったのは、企業の海外進出が活発になり、進出先で労働者や地域住民への深刻な人権侵害が起き始めたことがある。1996年に米写真誌『ライフ』は、米国のスポーツ用品などを製造する多国籍企業ナイキがパキスタンで現地の会社と契約し、その会社が児童労働でサッカーボールの縫製をさせていると報じた。2013年にはファストファッションが委託生産の拠点としているバングラデシュで、縫製工場が入ったビルが倒壊し、そのビルで働いていた貧しい若者を中心に1000人以上が死亡している。

アパレルなどの有力企業は母国では人権重視などをうたう一方で、安価な労働力を求めて進出した国外では、児童労働、劣悪な環境での労働強制、長時間労働など人権を軽視した生産活動を展開していたのだ。市場原理主義にもとづく利益最優先の経営が、人権保護をないがしろにさせたと言える。

取引先の人権に踏み込んだラギー原則――問われる融資の責任

そうしたビジネスによる人権侵害を防ぐため、国連の人権委員会は2005年に、人権問題に詳しいハーバード大ケネディスクールの教授、ジョン・ラギーを事務総長特別代理に起用し、人権保護の枠組みを整備し、その枠組みを実際に運用するための「ビジネスと人権に関する指導原則（通称ラギー原則）」を作成した。人権委員会は11年6月に同原則を承認し、人権を尊重するという企業責任を定義した。

指導原則は企業の責任に関して、「自らの活動を通じて人権に負の影響を引き起こしたり、助長したりすることを回避し、そのような影響が生じた場合にはこれに対処することを求める。たとえ企業が悪影響の惹起に寄与していなくても企業の製品またはサービスと直接的につながっている人権への負の影響を防止または軽減するように努める」と明記した。例えば工場建設や資源開発に伴い移住を強制されるような地域住民の人権など、幅広い人権への配慮を求めている。

国連が指導原則で人権を明確な形で示したことで、人権に着目した企業の評価がしやすくなった。2016年には、フィンランドのノルディア銀行、オランダのAPGなど投資家と、ビジネス・人権資料センター（BHRC）、人権ビジネス研究所（IHRB）など人権NGOが、ビジネスと人権に関する国際的なイニシアチブ、「**企業人権ベンチマーク**」を立ち上げ、世界主要企業の人権格付けを発表している。20年には、英国のユニリーバとイタリアのENIが最高得点を獲得している。

この人権の在り方は、金融とも深く結びついていた。金融に関してはNGOのバンクトラックが、「銀行は、雇用やサービス提供における差別などを通じて、自ら人権侵害を引き起こす可能性がある。また、人権侵害に責任のある企業への貸し付けを通じて、人権侵害に加担したり、それに関連したりする可能性がある。例えば、サプライチェーンに強制労働または児童労働を抱える企業を支援している」などと指摘している。

銀行が自ら、人権侵害を引き起こすケースは、結構頻繁に見られた。例えば、日本の銀行でもかつて、支店でその日の収支が1円でも合わないと、すべての行員を深夜

企業人権ベンチマーク
ビジネスと人権に関する国際シンクタンク、人権ビジネス研究所（IHRB）などが機関投資家などと2016年に立ち上げた、企業の人権開示を評価するイニシアチブ。人権問題の多い業界の大手企業の取り組みを評価する人権格付けを公表している。19年に国際NGOのワールド・ベンチマーク・アライアンス（WBA）に吸収合併され、WBAが人権格付けを引き継いでいる。20年の人権格付けは229社で、最も評価が高かったのはEni、ユニリーバ、評価が低かったのは貴州茅酒など。

まで残らせて、調べさせることがあった。

筆者が駆け出しのころ、取材に行った銀行の役員が1円の狂いも生じさせないそうした行風を自慢げに語っていたが、多くの場合、その支店の行員は深夜までの残業代は払われていなかった。支店長の権限でただ働きを強いるパワハラが横行していたわけで、一種の人権侵害だ。

もう一つの、いまも残る大きな問題は、銀行が人権侵害に責任のある企業への貸し付けなどを通じて、人権侵害を後押ししたり、関与したりすることである。

企業が海外に工場進出する際に、銀行が融資することは少なくないが、実際に進出工場で人権侵害が行われれば、人権侵害をファイナンスした銀行の責任が問われかねなくなっている。融資する際は、その使途において、人権侵害が行われないことを担保する必要が生じているのだ。

最近この面で注目されるのは、中国での生産である。中国の新疆ウイグル自治区は綿花の大産地であるとともに、ソーラー発電に使うシリコン部材の世界最大の製造拠点でもある。

当然、日本のアパレル大手や電機メーカーが工場進出しているが、豪州のシンクタンク「オーストラリアン・ストラテジック・ポリシー・インスティチュート（ASPI）」は2020年に報告書（「売り物のウイグル人――新疆を超えた再教育、強制労働、監視」）で、日系企業が強制労働に関与していると指摘している。

銀行が、融資先の工場でのオペレーションに、どこまで関与すべきなのか難しい問題もあるが、結果的に間接的人件侵害の烙印を押されるリスクに直面しているのは間違いない。

銀行は人権政策に失敗？

そうした状況を受けて、バンクトラックは2014年から、銀行を、①人権にかかわる政策にどの程度コミットしているか、②人権に関するデュー・デリジェンスは確立しているか、③報告・開示のシステムができているか、④解決に向けての取り組み——の4つの側面から評価し、ランク付けした。

最初のランキングは2014年にまとめられ、32の国際銀行を対象に対応をスコア化している。最も高い評価を得たのはオランダのラボバンク（総合点8点）で、スイスのクレディ・スイス、UBSが続いている。邦銀ではみずほフィナンシャルグループ（1・5点）が22位、三井住友フィナンシャルグループ（0・5点）、三菱UFJフィナンシャルグループ（0・5点）が26位となっていた。

最新の評価（3回目）は2019年で、対象行は国際銀行50行に拡大され、対応によって「リーダー」「フロントランナー」「フォロアー」「遅れ」の4カテゴリーに位置付けた（表16）。

人権面での「リーダー」（9・5点以上）とされるランクに位置付けられたのは、オランダのABNアムロ銀行（合計点9・5）だけだった。それに次ぐ「フロントランナー」（6・5〜9点）にはラボバンク、ANZ、BBVAなどが位置付けられた。

その下のランクは「フォロワー」（3・5〜6点）とされ、インテーザ・サンパオロなど17行が、最下位の「遅れ」（0〜3点）のランクにはソシエテ・ジェネラルなど、21行が位置付けられている。

邦銀では、三井住友信託銀行とみずほフィナンシャルグループがともに4点で「フォロワー」に、三菱UFJフィナンシャル・グループと三井住友フィナンシャルグル

表16　人権への取り組みランキング

順位	金融機関	スコア（高い方が取り組みが進んでいる）
	（リーダー）	
1	ABNアムロ	9.5
	（フロントランナー）	
2	ラボバンク	8
3	ANZ	7.5
3	BBVA	7.5
5	ING	7
5	シティ	7
5	バークレイズ	7
8	ナショナル・オーストラリア銀行	6.5
8	ウエストパック	6.5
8	ノルディア	6.5
	（フォロワー）	
23	三井住友信託	4
23	みずほフィナンシャルグループ	4
	（遅れ）	
36	三井住友フィナンシャルグループ	2
36	三菱UFJフィナンシャル・グループ	2
48	中国農業銀行	0
48	中国銀行	0
48	中国建設銀行	0

（出所）「The BankTrack Human Rights Benchmark 2019 Third Edition」November 2019

ープがともに2点で「遅れ」にランクされている。人権の面ではかなり遅れているとの評価である。

人権の評価点が0だったのは、中国建設銀行、中国銀行、中国農業銀行の3行で、株式時価総額で躍進する姿とは反対の評価になっている。

2019年のリポートの結果について、バンクトラックは、国連の指導原則が確立されてから10年近くたったが、「銀行は人権政策に失敗している」と総括。リポートの作成者であるライアン・ブライトウエルは「銀行は、先住民の権利の侵害、土地の奪取、さらには戦争犯罪を含む、人権侵害に関与している、あるいは直接促進している。世界最大級の銀行による人権コンプライアンスに関する『リップサービス』は増加しているが、ほとんどの場合、それ以上のことはない」と酷評している。

市民社会・労組も巻き込んだオランダ銀行セクター協定

では、人権に対して、どう向き合うべきなのか。バンクトラックがこの分野で「リーダー」としたオランダのABNアムロ銀行は、2011年に国連人権理事会が人権のビジネス尊重の基準を満場一致で承認したのを受けて、翌12年に銀行としての「人権声明」をまとめている。

人権声明（2020年に改訂）では国連のガイドラインに沿って、ビジネス活動、顧客との関係、投資との関係などで関わる内外のすべてのステークホルダーの人権に配慮することを明確にしている。

人権配慮に当たっては、プライバシー、行動規範、多様性と包摂政策、融資の際のレッドラインの設定、貸し出し・事業融資における持続可能性リスク、投資における持続可能性リスクなどの分野を設定し、それぞれでどう対応するかを明記している。

そのうえで、すべての活動を通じて、組織のすべての層で、すべての取引が声明に沿って運営するようにしている。

また、毎年の活動とその評価は「人権リポート」として発表している。２０２０年の「人権リポート」は１１９ページにも及び、人権に関するパフォーマンスを開示している。

開示は例えばトップ層における女性の比率（30％）、トップ層における非西欧出身者の比率（４％）などの指標のほか、プライバシーに関し寄せられた不満の数（１１８件）、顧客に対する差別に関するクレームの数（63件）など、人権状況を、広範に開示している。

オランダの銀行の評価が高い背景には、国を挙げて取り組んできた実績がある。オランダ銀行協会と13のオランダの銀行、市民社会グループ、労働組合、オランダ政府などが２０１６年に、「人権に関する国際的な責任ある事業行動に関するオランダ銀行セクター協定」に署名した。

プロジェクトファイナンスとコーポレートローンに関して、国連の指導原則の下で人権に関する責任を果たすというコミットメントである。市民社会グループや労働組合も含めた幅広い関係者を巻き込んだ契約になっており、画期的な試みと言える。

もちろん対象がコーポレートローンに限られるなどの問題があったのは事実だ。またオランダの契約は約束された3年の期間を経て、更新されることなく終了した。

とはいえ、銀行が市民グループや労働組合をも巻き込んで人権に取り組んだ実績は大きく、この国の金融機関の人権対応が一歩抜きんでている背景になっている。

日本依然、人権への配慮足りず——生かせない柳原銀行の歴史

この面では邦銀でも、三菱UFJフィナンシャル・グループが2018年に「MUFG人権方針」を制定するなど、キャッチアップしつつある。

ただ邦銀の場合、ミャンマーのティラワ経済特区、フィリピンのコーラルベイ・ニッケル精錬事業など人権侵害が指摘される開発プロジェクトに関わっている日本の企業向けに融資をしており、人権保護がどこまで徹底しているのか不透明な面もある。

また、人権に関する開示でも、ABNアムロが毎年出している詳細な人権リポートのような開示体制はできあがっていない。

人権に対する国際的な視線は厳しさを増しているのも事実だ。2017年6月に日本銀行の審議委員だった原田泰は、都内の講演で、世界大恐慌後の欧米の金融財政政策に関し「ケインズは1930年代から、財政金融両面の政策が必要だと述べていたが、景気刺激策がとられたのは遅かった」と指摘。そのうえで「ヒトラーが正しい財政金融政策をしなければ、国民はそれ以上ヒトラーの言うことを聞かなかっただろう。彼が正しい財政金融政策をしてしまったことによって、悲劇が起きた。ヒトラーより前の人が正しい財政政策をとるべきだった」と述べた。ナチス・ドイツの政策の結果を悲劇だとしながらも、その財政金融政策については「正しい」との価値判断を示している。

これに対して反ユダヤ主義の監視をしているサイモン・ウィーゼンタール・センターは「深く憂慮する。日本のエリートにはナチとホロコーストについて教育が必要だ」との声明を出した。

原田は「一部に誤解を招くような表現があった」として謝罪した。「正しい」というのは、ケインズの指摘に沿ったという意味で使ったものだが、誤解されたということだろう。

しかし、ヒトラー時代の経済政策は悲劇を生み出すことにつながった軍備増強を企図したものであるのに加え、女性の結婚を奨励するための女子労働力の削減や、非アーリア系企業への融資中止指示など、人権を踏みにじるひどい内容である。
日本では「一部に誤解を招くような表現があった」は不適切発言をしたときの常套句だが、国際的には通用せず、日銀と日本の人権に対する感度の低さが国際的に印象付けられた。

実は、歴史を振り返ると、人権問題に対する日本の金融の取り組みで先進的な例もあった。新幹線で東京から京都に向かうと、京都駅の手前右手に、2階建ての木造の建物が見える。柳原銀行記念資料館で、かつて存在した同行の建物を移築、保存している。

この銀行は1899年、柳原町（現在の京都市下京区の南東にあった）の町長、明石民蔵ら地元有志によって設立された。被差別部落の住民によって設立された唯一の銀行で、差別のため資金を得られなかった町内の皮革業者などへの融資、町債の引受けなどを手掛け、それをもとに町勢を振興し、明治維新後も続く差別を打破しようとした。その後、山城銀行と改称し、当時の京都市内への進出などを果たしたが、金融恐慌などの影響で1927年に破綻している。

国際的に見てかなり早い段階で、金融で人権問題と戦う事例があったにもかかわらず、それから1世紀以上もたつのに、日本の金融界になお人権に対する配慮が欠けていると見られる事件が相次ぐのは残念だ。

2 ジェンダー平等——変革迫られる男社会

男性優遇の融資判断——口座数でも格差

銀行は長い間、男性を中心にした業界だった。欧米で近代的な銀行の基盤が築かれた20世紀初めはまだ男性社会であり、そこで銀行文化が築かれ、それが継承されていった。

銀行では男性の多くがフルタイムで働いているのに対して、女性の多くはパートタイムだった。男性は仕事、女性は家事という古い家父長制度的な考え方が色濃く残るなかで、男性が男性の仕事を評価しやすい一種の**内集団選好**と呼ばれる心理バイアスが定着し、雇用に影響し続けた公算が大きい。一般企業に比べて男女の賃金格差が大きかったり、経営幹部の多くが男性だったりして、女性は差別的な扱いを受けていた。

業務遂行上でも、女性を差別しがちだった。多くの国で人口当たりの口座数で男性が女性を大きく上回っている。また、融資対象も男性が女性より多く、融資判断の際に男女格差が影響しているとの指摘もある。

日本の銀行でも融資の際に、勤務先とともに、その雇用形態を可否の判断基準に取

内集団選好（バイアス）　同じグループに属する人を優遇する傾向で、内集団偏見と呼ばれることもある。グループ内にいると、その価値観に染められ、それに合わない人や行動と距離を置くことが多い。社会心理学などで研究され、個人の社会的アイデンティティ（帰属

り入れているところがある。融資の返済を考えれば、パートタイム労働者よりフルタイム労働者の方が返済の確実性が高いとの判断にもとづいているが、パートタイム労働者が多い女性には不利な仕組みになっている。

第2次世界大戦後、世界各地で女性の権利向上を目指す運動が展開され、1981年には女性差別撤廃に関する条約が発効した。それに伴って欧米では高等教育を受ける女性の比率が高まり、女性の社会進出も活発化。雇用機会や賃金などで男女平等を求める法制度が整備されていった。

ジェンダー平等は、国連の持続可能な開発目標にも盛り込まれている。米国の大手銀行などでは行員や役職員に占める女性の比率が上昇し、遅れていると言われていた欧州でも大陸部で最有力銀行の一つ、スペインのサンタンデール銀行で、アナ・ボティンが会長を務めている。元会長の娘という特別の立場ではあるが、女性の目覚ましい活躍を印象付けている。

日本の銀行では女性の登用が遅れている。大手銀行では入行時点から幹部候補として有力大学の男子卒業生を採用する慣行が長年続き、その枠外の女性登用には消極的だった。1986年に男女雇用機会均等法が施行されてからは女性採用を増やす動きも少しずつ広がり、地方銀行などでは女性の支店長も増えている。ただ、役員となると、旧来の男性中心の秩序が維持されており、女性の役員は極めて少ない。

意識)が影響しているなどの学説がある。

ジェンダー平等
ジェンダーは社会的、文化的役割としての男女の性を指し、それは平等であるとする考え方。多くの国で性によって、担うべき活動、資金へのアクセス機会、意思決定の機会に差があり、国連などがその解消を訴えている。日本はこの性による格差が大きく、平等の進み具合を示すランキング(グローバル・ジェンダー・ギャップ・リポート2021)では世界で120位となっている。

女性の登用が求められるのに対しては、学者や専門家としての実績より、マスコミや政府の審議会などでの知名度を優先して社外取締役で起用するケースが増えている。登用実績をアピールする狙いで、数合わせの感覚で起用される例が少なくない。

懸念されるのは、女性の社外取締役起用によって、内部の女性行員の役員登用の門戸を狭くする副作用だ。銀行でも最近は優秀な女性行員が増えている。本来、若くてもそうした女性を登用したほうが、銀行の欠点もよく知っており、その意見を生かすことで、銀行の風土を変えられるはずだ。にもかかわらず、年功序列にこだわり、役員適齢年次に女性がいないからと社外から登用すると数合わせにはなるが、優秀な内部の女性行員の勤労意欲をそぎかねない。

優等生は豪ANZ、米JPモルガン

それでは、どの銀行がジェンダー平等に真剣に取り組んでいるのか。英国のシンクタンクであるオフィシャル・マネタリー・アンド・フィナンシャル・インスティテューションズ・フォーラム（OMFIF）は、ジェンダー平等への取り組みのランキング（OMFIFジェンダー・バランス・インデクス2021）を作成している（表17）。職位によって重みづけをした上級スタッフのジェンダー・バランスをベースに作成したもので、女性採用に前向きかどうかがわかる指標になっている。

それによると商業銀行で最も点数が高く（100点満点中83点）男女平等が進んでいるのは、オーストラリアのANZ（オーストラリア・アンド・ニュージーランド銀行）である。

オーストラリアは女性が国会議員の半分を上回っているほか、2010年から19年の間に上場企業の役員を務める女性の数が4倍に増えた。国が女性の登用を積極的に後押しした影響もあって、銀行でも女性の地位が上がっている。その結果、ANZのほかに、コモンウエルスも4位につけている。

2位は米国のJPモルガン・チェース、点数は70点。銀行としては多様で包括的な文化の推進を掲げ、人事政策でも女性を積極的に登用している。またCEO（最高経営責任者）ジェイミー・ダイモンの後継候補に、複数の女性が取りざたされるほど、女性の活躍が目立っている。米銀ではシティが6位、バンク・オブ・アメリカが10位となるなど、大手ではジェンダー平等は進んでいる。

欧州では3位に英国のナットウエスト・グループが、8位にドイツのコメルツ・バンクが入っている。女性

表17　ジェンダー平等指標2021 民間銀行

順位	金融機関	評点
1	ANZ（豪）	83
2	JP モルガン・チェース（米）	70
3	ナットウエスト（英）	55
4	コモンウエルス（豪）	51
5	AKBANK（トルコ）	50
5	シティ（米）	50
7	スタンダードバンク（南ア）	47
8	コメルツ・バンク（独）	44
9	グアランティ・トラスト・バンク（ナイジェリア）	43
10	バンク・オブ・アメリカ（米）	41
47	みずほフィナンシャルグループ	8

（注）ジェンダー・バランス・インデクスの評点、上位50銀行 CEO、役員などに占める女性の比率から算出
（出所）「OMFIF Gender Balance INDEX 2021」

の登用が進んでいると言われている北欧勢も11位にスウェーデンのハンデルスバンケン、12位にノルディアが入っている。

ただ、ＯＭＦＩＦは欧州については、「経営委員会に限ってみると欧州の銀行は、北米は言うまでもなく、アジアや新興国の銀行より女性の登用が少ない」と指摘している。

アジアではタイのサイアム商業銀行（全体順位13位）がトップで、シンガポールのＤＢＳ銀行（同18位）が続いている。全体で50行をランキングしているが、日本から入っているのは47位のみずほフィナンシャルグループだけだ。

中央銀行はリッチモンド連銀がトップ、日銀は137位

ＯＭＦＩＦの分析では、世界の中央銀行（米国についてはＦＲＢのほか、地区連銀も対象にしている）もランク付けしている（表18）。中央銀行でジェンダー平等が最も進んでいるのは、米地区連銀のリッチモンド連銀である。最高経営責任者（ＣＥＯ）

表18　ジェンダー平等指標2021 中央銀行

順位	中央銀行	評点
1	リッチモンド連銀（米）	100
2	エスワティニ（旧スワジランド）中銀	96
3	レソト中銀	93
4	スペイン中銀	92
5	アルバ（オランダ領）中銀	91
6	チュニジア中銀	90
6	シカゴ連銀（米）	90
8	ノルウェー銀行	89
9	サモア中銀	88
10	ベリーゼ中銀	87
87	米連邦準備制度理事会（FRB）	31
91	欧州中央銀行（ECB）	30
137	日銀	11

（注）ジェンダー・バランス・インデクスの評点、上級スタッフに占める女性の比率などから算出
（出所）「OMFIF Gender Balance INDEX 2021」

は男性だが、CEOを含む経営委員13人のうち7人が女性だ。米国の地区連銀は各地の大学や研究所の優秀な女性の受け皿になっており、トップ20のうち7つがランクインしている。

2位はアフリカのエスワティニ中央銀行が入っている。3位はレソト中央銀行、6位にチュニジア中銀が入るなど上位にアフリカ勢が目立つが、下位の国も多く、国情によって女性登用にばらつきが大きい。

欧州ではスペイン中銀の4位がトップで、8位のノルウェー中銀が続いている。またアジア太平洋ではサモア中銀が9位でトップだが、全体的には女性登用は欧米に比べて遅れがちだ。

日銀は調査対象185中央銀行のなかで137位と、G7では最低ランクだ。アジアではインド準備銀行（142位）、中国人民銀行（154位）よりは上だが、ASEAN10カ国、パキスタン、香港などよりも低位に甘んじている。

3 代替エネルギー・ファイナンス

新メジャーに食い込め――オイル・メジャーから再生メジャーへ

温暖化防止に向けてカーボン・ニュートラルが至上命題になっている。温暖化ガスを排出する石炭火力発電などに代わる、きれいなエネルギー源が注目されており、その中心が再生可能エネルギーだ。日本では地熱発電や潮力発電などの試みも散見されるが、世界的には太陽光発電と風力発電が代表格である。

これまでエネルギー融資は、銀行や投資銀行にとって極めて重要な戦略分野だった。石炭や石油は経済活動に欠かせず、大規模で継続的な開発投資が必要となり、そこから規模の大きなファイナンス需要が発生するためだ。

とりわけ石油は、米エクソン・モービルや蘭ロイヤル・ダッチ・シェルなどオイル・メジャーと呼ばれる国際石油資本が、採鉱から販売までを牛耳っており、銀行にとってメジャーにどう取り入るかが営業上の大きな課題となってきた。

しかし、この20世紀の経済を支えた石油依存体制が、温暖化防止とともに見直しを迫られている。国際エネルギー機構（IEA）が2021年5月にまとめた「**ネット・ゼロ・ロードマップ**」で、新しい油田、ガス田、炭鉱など化石燃料の探査と、化石燃料の新しいプロジェクトへの支出を停止することを勧めている。新たに化石燃料に頼るのは、もはやブラック扱いになっている。

オイル・メジャーの一つBPによると、2020年代後半から再生可能エネルギーのシェアが急上昇をはじめ、35年には20%を超え、50年には40%以上に達するとしている。そのためオイル・メジャーの一部には再生可能エネルギーに参入する動きがあ

ネット・ゼロ・ロードマップ
温暖化ガスの排出量を実質ゼロとする目標に向けた工程表。目標年次までの年や年代ごとに実施を予定したり、目指したりしている取り組みの内容と、削減の排出量目標などを含む。国際的には2050年のネット・ゼロ

るほか、世界各地で再生可能エネルギーを手掛ける新しい企業が台頭している。

そうしたなかで、金融面では再生可能エネルギーの業者や、関連機器の製造業者などへの融資や、債券引き受けをめぐる競争が始まっている。とりわけ、巨額な利益をもたらしてきたオイル・メジャーに変わる、再生可能エネルギーの有力企業が標的になっており、いわば「**グリーン・メジャー**」の金融ビジネス争奪戦が始まっている。

年8000億ドルの新市場の登場

この大規模なエネルギー・シフトの前哨戦が繰り広げられた2010年代の、ファイナンス動向を見てみよう。国際再生エネルギー機関（IRNA）が、再生可能エネルギーに関する金融動向の報告書「再生エネルギー・ファイナンスの国際動向2020」をまとめている。

それによると、2013年から18年までの5年間の投資額合計は、1・8兆ドルにものぼっている。そのうち太陽光発電システムが46％を占め、地上での風力発電が29％で続いている。

投資の地域内訳を見ると、最大は東アジア・太平洋の32％だ。日本の比率は低く、大半が中国での投資である。中国は石炭依存が高いものの、投資額で見ると再生エネルギーで世界最大だ。


達成のため、30年の具体的な削減目標を盛り込むことが重視されている。

グリーン・メジャー
石油採掘ではエクソンモービルなど世界的な大手国際資本が石油メジャーと呼ばれるが、石油にとって代わる再生エネルギーなどでの大手企業を指す金融界で使われる俗語。リニューアブル・メジャーなどと呼ばれることもある。金融機関にとっての有力顧客候補で、スペインのイベルドローラやデンマークのオーステッドなどが候補として挙げられることが多い。

資金の出し手を見ると、政府系金融機関など公的ファイナンスが14％、民間が86％を占めている。民間のうち半分近くは事業の推進者が資金を出し、2割程度は商業銀行が資金を提供している。

ファイナンスの手法については、債券発行など事業ベースの市場性負債が最も大きい。2018年の再生エネルギー関連投資額3220億ドルのうち、1490億ドルを占める。銀行融資などバランスシート・ファイナンスは920億ドルとなっている。銀行などが再生エネルギーに熱い視線を送るのは、その将来性にある。2050年までのエネルギー・セクターの必要投資額は110兆ドルもの巨額にのぼる。そのうち再生エネルギー発電の必要投資額は22兆ドル、エネルギー効率改善投資に37兆ドルとなっている。

これを前提に考えると、年間の再生エネルギー投資額は2018年の3220億ドルから増加の一途をたどり、50年には8000億ドルに膨らむと見られている。そうした投資主体による債券や株式の引受け業務、事業体向け融資など、潜在的には巨大な金融ビジネス・チャンスが存在しているのだ。

風力発電――協同組合所有が促したデンマークでの普及

オランダの風車に見られるように、風力の利用の歴史は古い。発電に利用されるようになったのは19世紀末で、1990年代から欧米で活用が増え始め、2000年代になると中国が利用を急拡大している。

風力発電には、オランダの風車に見られるような風の抗力（物を押す力）を利用したものと、飛行機が浮かぶ原理になっている風の揚力（物を押し上げる力）を利用したものの2種類があり、現在では揚力を利用した風力発電が大部分を占めている。

風力発電が最も浸透しているのはデンマークである。同国は1990年代半ばに風力発電に国を挙げて取り組み始めた。2000年にはコペンハーゲンの沖合にミドルグロン発電所を設け、協同組合が所有する風力発電を取り入れた。出資すれば環境税を免除する仕組みにし、風力発電の半分近くが協同組合所有になっている。すでに6000基を超える大型風車が設置されており、国内電力需要の40％程度を風力発電で賄う年もあり、25年には需要の半分を賄うことができるとしている。

発電量で見るとトップは中国。次いで2030年までに風力発電が20％の電力需要を賄えるようにする目標を掲げている米国、そしてドイツ、インド、スペインと続いている。電力需要に占める比率では、取り組みが早かった欧州

表19　欧州における2020年の風力発電ファイナンスのシェア

（％）

順位	金融機関	シェア
1	ラボバンク	8.6
2	サンタンデール	7.3
3	ソシエテ・ジェネラル	7
4	クレディアグリコル	6.7
5	BNP パリバ	6.3
6	三井住友フィナンシャルグループ	3.4
7	バークレイズ	3.4
8	アライド・アイリッシュ	2.8
9	カイシャバンク	2.7
10	バンコ・サバデル	2.7

（出所）「Financing and investment trends The European wind industry in 2020」WindEurope

の国が高めになっている。

風力発電をめぐっては関連機器が成長産業になっている。発電機メーカーではシェアトップはデンマークのベスタスで、世界の2割強のシェアを占めている。ついで中国のゴールドウインド（新疆金風科技）、米国のゼネラル・エレクトリック、スペインのシーメンスガメサ・リニューアブル・エナジー（旧ガメサ・コーポレーション・テクノロジカ）が続いている。

風力発電を促す欧州風力エネルギー協会（ウインド・ヨーロッパ）が、欧州の風力発電のファイナンス動向をまとめている。それによると、欧州は2020年に新規の風力発電建設に428億ユーロを投資した。

そのうち洋上風力への投資（発電容量で7・1ギガワット相当）が263億ユーロ、陸上の風力向け（同12・5ギガワット相当）が165億ユーロにのぼっている。

銀行は風力発電の施設建設と、風力発電企業の借り換え需要に応えるため、**ノンリコースローン**の形で278億ユーロを貸し付けている。

この銀行による風力発電ファイナンスに占めるシェアを見ると（表19）、トップはオランダのラボバンクで8・6%、スペインのサンタンデール、フランスのソシエテ・ジェネラルが続いている。風力発電の盛んな欧州の大手銀行が目立っているが、6位に三井住友フィナンシャルグループが食い込んでいるのが目立っている。

ノンリコースローン
プロジェクト・ファイナンスなどで用いられる非遡及型融資。特定の事業や資産から生じるキャッシュフローだけを返済の原資にするのが特徴。返済責任を企業に求める融資に見られる、返済がで

ソーラーのサプライチェーンをおさえる中国

再生エネルギーの柱であるソーラー発電の能力も、着実に増えている。2011年には7万3745メガワットだった世界の太陽光発電の発電容量が、毎年積極的な投資で増強され続け、20年には71万3970メガワットになった。10年で10倍近い驚異的な伸びだ。

国別で発電容量が最も多いのは中国で、世界のほぼ3分の1のソーラー発電容量を有している。中国は2060年までのカーボン・ニュートラル達成を目標に掲げており、その一環として太陽光発電の発電容量の年間増加額を現在の2倍に当たる85ギガワットまで増やす計画だ。

そうした実績を背景に、中国は太陽光発電のサプライチェーンをおさえている。太陽光発電のシステムでは、ソーラー・パネルは**ポリシリコン**製で、さらにポリシリコンを溶かして加工したインゴットを、薄くスライスした太陽電池となるウエハに電極をつくる。

このソーラー・パネルの8割は中国企業が生産している。素材となるポリシリコンに関しては、60％強を中国が管理している。太陽電池に占める中国のシェアは80％にのぼる。

きなくなった場合、ほかの事業や資産に影響が及ぶ欠点を克服できるとされるが、その分、融資金利が高くなりやすいとされる。

ポリシリコン
ケイ石やケイ砂からつくりだす単結晶シリコンの製造の際に発生する断片を溶解し、鋳型で冷却してつくる多結晶シリコンを指す。シリコン半導体の集積パネルが光に反応して発電する太陽光パネルにはシリコンが必要になるが、産業用に大量のパネル設置が必要な場合は単結晶シリコンに比べ安価な多結晶シリコンが使われることが多い。世界の供給量のおよそ半分が中国・新疆ウイグル自治区で生産されている。

有力企業としては、大全新能源（Daqo New Energy）、通威太陽能（Tongwei Solar）、隆基緑能科技（Longi）、晶科能源（Jinko Solar）などの名が挙がる。

発電容量では、中国についで、米国、日本がつけている。トランプ政権は2018年に自国の太陽光発電産業の育成を目指して、海外から調達された太陽光発電に関税を課し、米国を拠点とする企業に競争の機会を与えた。

ただ、太陽光発電のサプライチェーンを中国がおさえているため、中国の協力抜きに、太陽光発電の大幅な拡大は難しい。バイデン政権はパリ協定に復帰するなど地球温暖化問題への対応に積極的だが、中国の人権問題にはトランプ政権以上に厳しい姿勢を示しており、太陽光発電に関連する分野での中国との距離をどうとるのかが課題になる。

4　お金の環境目的を明確に——拡大するグリーン・ボンド

G7がコミットした、お金で環境を変えていこう

「これまで見てきたG7とは違うのですが」。2021年5月、メガバンクの幹部がG7の閣僚会合のコミュニケ発出を注視していた。

普段であればこの幹部が注視するのは、金利や為替の動向に影響を及ぼしそうなG

7やG20の財務相・中央銀行総裁会議や首脳会議。しかし、その日開かれていたのは、日本から環境相の小泉進次郎が出席するG7気候・環境相会合（オンライン開催）だった。

とりわけ気になっていたのが、石炭火力発電に関するコミュニケの書きぶりだった。実際に出てきたコミュニケには「我々は、石炭火力発電が世界の気温上昇の唯一最大の原因であることを認識し、2030年代の電力システムの最大限の脱炭素化にいまコミットする。我々は、G7として模範を示すことや、協力的なイニシアチブや機関と協力することを含め、ネット・ゼロ・パワーに向けた世界的な進展を加速するためのさらなる方法を模索することにコミットする」と強調していた。既存の火力発電向けの融資についても見直さざるを得なくなっている圧力を再認識したという。

このコミュニケは石炭火力発電だけをターゲットにしたものではなく、幅広い環境対策が盛り込まれており、そのなかに「持続可能な開発目標に沿って、温室効果ガスについて低排出型であり、及び気候に対して強靭である発展に向けた方針に資金の流れを適合させることが極めて重要であることを確認する」とある。パリ協定の実現に向けて、それに資するグリーンな資金の流れを加速していこうとする意思表示である。

累積発行額1兆ドル突破

グリーンな資金のうち、脱炭素など環境配慮の事業の資金調達は、銀行融資と債券発行が柱になっている。このうち、発行される債券はグリーン・ボンドと呼ばれ、その規模が拡大している。

グリーン・ボンドに関して、現時点で国際的に統一されたような基準はないため、集計者によって規模が異なっている。

ここでは、**気候債券イニシアチブ（CBI）**による分析を紹介する。CBIは環境によい資金使途を持つ債券について、基準を定めそれを満たしたものをグリーン・ボンドと定義し、その発行状況を分析している。

それによると2020年のグリーン・ボンドの発行は世界55カ国で、634の発行者が、1696件を発行した。34の通貨で、総額2900億ドルにのぼった。総額は19年に比べ9％増え、史上最高を更新した。

これによって、グリーン・ボンドの累積市場規模は、世界71カ国、1428発行者が、42の通貨で、7716件を発行し、累積発行額は1・1兆ドルと、1兆ドルを突破した。

2020年のグリーン・ボンド発行を地域別に見ると、最も多いのは欧州で、発行額は1560億ドルと、発行額の48％を占めている。主に政府による発行が多い。

気候債券イニシアチブ（CBI）
2010年12月に設けられた低炭素経済に向けた投資を促す非営利の国際組織。気候債券基準を設け、基準を満たした債券に認証を与えることで、大規模で流動性の高い気候債券市場づくりを目指している。

国別に見ると米国が最大の発行国で、発行額は521億ドル、全体の発行額に占めるシェアは18%にのぼる。米国でのグリーン・ボンドの発行主体は地方政府と、政府系金融機関とされる。

2位にはドイツがつけている。10年物グリーン国債が発行されるなどした結果、発行額は2019年比で倍増し、418億ドルにのぼった。3位はフランスの370億ドル。フランスはグリーン国債を継続発行し、その市場規模が311億ドルにのぼっている。これは単一銘柄としては、最大のグリーン・ボンドになっている。

4位は中国の224億ドル。これは前年比30%減で、多くの発行体がコロナ関連のソーシャル・ボンドの発行を志向したためと見られている。

さらにオランダ、スウェーデンと続き、日本は100億ドルをわずかに上回る規模で7位となっている。

グリーン・ボンドの資金使途は、エネルギー、建設、運輸が3大目的になっている。数年前は使途の半分をエネルギーが占めていたが、2020年は3分の1程度になっている。再生エネルギー投資が中心だ。

グリーン・ボンドについては引受け競争が激しくなっている。発行増が見込めるのに加え、新しい時代に向けた取り組み姿勢を示すことになるためだ。引受額が最も多いのは（2020年1〜9月）米JPモルガン・チェースで米地方債を含めると、引受額は120億ドルを超えている。クレディ・アグリコル、バンク・オブ・アメリカ、シティグループ、BNPパリバ、バークレイズ、ドイツ銀行、HSBCが続いている。

単独では最大の発行国である米国の金融機関が上位に食い込んでいるほか、グリーン国債発行に積極的なフランス勢や、環境関連に力を入れてきたバークレイズ、HSBCなどが健闘しているのが目立っている。このランキングで日本勢はみずほの22位が最高位で、低調だ。

最大手EUが狙う国際基準

このグリーン・ボンドに関連して、EUは2021年7月に欧州グリーン・ボンド規制をまとめている。

それによると、欧州でグリーン・ボンドと認定されるためには、債券の発行者は債券が満期になるまでに、債券によって調達された資金（収益）の100%を**EUタクソノミー**の要件を満たす経済活動に割り当てる必要がある、資金はEUタクソノミーに沿った経済活動を行う長期プロジェクト（最長10年）に使用できる、欧州証券市場監督局に登録された外部レビュアーによって資金提供されたプロジェクトの分類法に準拠していることがチェックされる——などの条件を規定している。

EUは「グリーン・ボンドは、エネルギーの生産と流通、資源効率の高い住宅、低

EUタクソノミー
欧州連合（EU）が打ち出した持続可能な事業に投資を振り向ける欧州グリーン・ディールの実現に向け、共通の言語として「持続可能な」ものを定義した分類を指す。環境目標として「気候変動

炭素輸送インフラなど、気候を緩和する投資の資金調達に役立つ。しかし、グリーン・プロジェクトの明確な定義が不足しているため、発行者と投資家の両方に不確実性と追加コストが発生している。また、投資のグリーン性について発行者と投資家に保証を提供する外部レビュアーの標準化、透明性、監督が不十分だ。

今回のグリーン・ボンドの新基準は、2015年のパリ協定との緊密な連携を要求することで、これまでの欠点を修正することを目的としている。この基準は、高品質のグリーン・ボンドの発行者に、彼らの強力な環境への取り組みを実証するための信頼できる方法を提供できる。債券投資家にとって、この基準により、投資が持続可能であるとより簡単に信頼できるようになり、それによってグリーン・ウオッシングのリスクが軽減される。これがグリーン・ボンドの新しいベンチマークとして機能し、自主的な『ゴールド・スタンダード』となることを目的としている」としている。

2020年のグリーン・ボンドの世界での発行額の半分は、EUの企業と公共団体によるものだ。そうはいっても、EUにおけるグリーン・ボンドの発行額は、EU債券発行の2・6%にとどまっている。そのため、いまはEUにとって世界の主導権を握りながら、グリーン・ボンドの利用を加速させる好機であるのは間違いない。

実際、EUは「グリーン・ボンドの規制された環境は、企業や公的機関がグリーン・ボンドを使用してEUの資本市場で資金を調達するのに役立つ。これにより、持続可

の緩和」「気候変動への適応」「水と海洋資源の持続可能な利用」「サーキュラーエコノミーへの移行」「汚染の防止と管理」「生物多様性の保護」を挙げたうえで、持続可能な活動のリストを定めている。

能な金融のハブとして、EUの金融市場の立場が強化できる」と強調している。

5 健康を守るファイナンス

タバコ・フリー・ファイナンス――貸さない見識

サステナブルな金融を考える際、最も重要な項目の一つが人の健康である。健康に害のあるものについては、貸さないことも金融機関の見識である。金融機関が比較的早い段階で、融資抑制の姿勢を鮮明にしたのがタバコ関連である。

タバコが発がん性、中毒症状など有害であることは古くから指摘されていた。各国では喫煙に年齢制限を設けるなど規制をするなか、1988年に国連が世界禁煙デーを定めるなど国際的に規制色が強まっていく。

世界保健機関（WHO）の2003年の総会では人々の健康増進の立場から、「タバコ管理に関する枠組み条約」が署名され、05年に発効した。タバコのパッケージに警告文を掲載したり、飲食店、ホテルなどで禁煙・分煙の対応をしたりする措置が広がっていく。

この動きは金融機関にとっては難しい問題だった。タバコは欧米の日常生活に幅広く根付いていたため、一大産業になっていた。英国のインペリアル・タバコ、米国の

PSI（持続可能な保険原則）
国連環境計画・金融イニシアティブ（UNEP FI）が2012年に作成した世界の保険業界が環境・社会・ガバナンス（ESG）のリスクと機会に対応する枠組み。事業の意思決定へのESG方針の組み込み、ESG

フィリップ・モリス、日本の日本たばこ産業など売上高が1兆円を超えるような巨大企業が林立し、それは銀行などにとっては有力な顧客だったのだ。

とはいえ、毎年何百万人もの早死を引き起こすとされるタバコを放置するわけにはいかない。そこで、UNEP（国連環境計画）と、仏BNPパリバ、豪AMPキャピタル、仏アクサ、仏ナティクシスといった金融機関と、持続可能な金融を目指すイニシアチブである**PSI（持続可能な保険原則）**、PRI（国連責任投資原則）が音頭を取って、「タバコを手放す金融誓約（**タバコ・フリー・ファイナンス誓約**）」の活動を始めた。

誓約は、①タバコを含まない政策を実施している金融機関のリーダーシップを強調し、他の人々がそれに続くよう奨励する、②安全な使用レベルがなく、効果的な関与の機会がない、他とは異なる製品および産業として、タバコを取り上げる、③タバコ会社との金融および企業の関係を非正規化する、④効果的なタバコ規制を支援するために金融部門が果たさなければならない重要な役割について、金融機関の間で意識を高める——の4点が柱で、金融機関などに幅広く賛同を求めたのだ。

誓約に署名しているのは、大手金融機関のオランダのING、ABNアムロ、ラボバンク、フランスのクレディ・アグリコル、ベルギーのKBC、スウェーデンのスカンディア、スウェドバンク、オーストラリアのウエストパック、NAB（ナショナル・

への関心を高めるための顧客との協働、政府との共同による社会全体での対応促進、対応状況の定期的公開——の4原則を掲げ、関係者に自主的な取り組みを求めている。

タバコ・フリー・ファイナンス誓約 国連環境計画金融イニシアチブ（UNEP FI）、国連責任投資原則（PRI）が2018年に始めた「タバコのない金融誓約」イニシアチブ。タバコ産業への投資、信用供与、保険を続ければ、国連の持続可能な開発目標の多くは達成されないとして、タバコ・ファイナンスの縮減・停止を目指している。制約に署名しているのは164機関（その管理資産は11兆ドル、融資残高2・7兆ドル）にのぼっている。

オーストラリア銀行）はじめ、大学や研究機関も含めると160を超える。

ただ、こうした実質的なタバコ排除を進めれば、タバコ会社に大きな影響を及ぼすほか、タバコ農家などへの影響も懸念される。このため巨大タバコ会社を抱える米国、日本、英国などの大手金融機関は慎重だ。

大麻ファイナンスの気迷い

健康関連で注目されているのが、カナビス（マリファナ＝大麻）である。カナビスはかつて若者を中心に使われていた違法薬物で、前述（第3章）した通り古くから麻薬組織によって地下取引されており、銀行は金融面でその取引を支えないように資金洗浄（マネーロンダリング）対策を迫られてきた。

しかし、大麻は医療目的で利用されることがあり、WHOも有害性がある一方で医療価値がある点も認め、さらに国連麻薬委員会（CND）は大麻を「最も危険で医療価値なし」という分類からはずし、その医療価値を認めた。

カナダなどでは早い段階から医療利用を解禁し、積極支援してきた。米国でもすでに30以上の州が医療用の利用を合法化している。

また、従来危険と見られてきた大麻の嗜好・娯楽利用としての吸引に関しては、さまざまな研究が進んだ結果、「タバコより有害性が低い」「少量であれば運転能力に影響を及ぼさない」「ほかの麻薬の利用を促すことはない」などとの指摘がなされるようになった。

そのためウルグアイが2013年に政府監視下とはいえ、マリファナの生産、流通、販売を世界で初めて合法化した。その後、合法化の動きはカナダ、メキシコへと広がっている。

また、米国では州単位での嗜好目的利用として、2012年にワシントン州が私的利用に限り合法化。その後、カリフォルニア州やマサチューセッツ州など多くの州に拡大し、21年にはニューヨーク州も大麻の使用や栽培を合法化した。

こうした大麻合法化の動きを受けて、米財務省の組織である**金融犯罪捜査網（FinCEN）**は2014年に、「現在、一部の州がマリファナ取引を合法化することを選択したため、金融犯罪組織網はマリファナ事業を歴史的に秘密の金融業務の影から脱出させせようとしている」として、金融機関が大麻を扱う企業へのサービスを提供するガイドラインを作成した。ガイドラインは、顧客のデュー・デリジェンスを実施、マネロンなど疑わしい取引の届け出の徹底などを求めるなど、金融取引を限定解禁している。

金融犯罪捜査網（FinCEN）
米財務省の傘下で、マネーロンダリング（資金洗浄）とテロ資金供与など金融犯罪の防止を担う組織。内外の関連組織、金融機関から金融情報を吸い上げ、それを分析、管理、戦略的に活用することによって、国家安全保障を促進する。

医療目的でもコスト、マネロン対策の壁

　これを受けて金融界は難しい対応を迫られた。大麻は医療目的での利用は州法などで合法化され、人道上もそれを利用したほうが好ましいケースが存在する。そのため大麻を扱う企業への金融サービスを実施すべきだとの意見がある。ただ、嗜好品としての利用については、依然として好ましくないといった意見もあり、慎重な金融機関も少なくない。

　また、米国では医療、嗜好どちらに関しても、州では認められていても、連邦レベルでは認められていない。そのため大手銀行には法令遵守の立場から慎重な銀行が多い。さらに、仮に大麻企業との取引をしようとしても、規制が厳しくコストがかかる。銀行は名前、年齢、顧客が合法的な購入者であることを確認し、それを記録し、すべての取引について四半期ごとに精査する必要がある。そうした事情から大麻企業との取引は信用組合が中心で、銀行やカード会社は大麻業界と距離を置いたままだ。

　そのため、医療用マリファナの栽培、薬局であってもクレジットカードなどが利用できず、現金決済が中心になっており、それが本当に必要な利用者には不便な状況となっている。

　対応策は模索されている。米下院の超党派グループは2019年に、合法的な大麻関連事業に金融サービスを提供する銀行および信用組合を保護する「安全で公正な執

行（ＳＡＦＥ）銀行法」を提出し、3回可決されてきたものの、上院銀行委員会は保留してきた。21年に再提出されており、バイデン政権の対応が注目されている。

もう一つ注目される動きは、「マリファナ機会再投資および抹消（ＭＯＲＥ）法」である。規制薬物法（ＣＳＡ）に含まれる規制薬物のリストから大麻を削除することで、連邦レベルでの成人に対する大麻の犯罪化を効果的に終わらせようとするものだ。連邦政府が大麻の使用のために人々を差別できないようにするなどの措置も含まれている。関連規制の改革が多岐にわたるため時間がかかる可能性があるものの、民主党に支持者が少なくないため、法制化への期待が高まっている。

将来的には合法大麻の市場拡大が見込める。２０１８年の市場規模は１００億ドル程度と見られていたが、30年には７５０億ドル市場になると予測されている。銀行にとっても大きな融資ビジネスのチャンスであることに違いはない。

２０１８年には米酒類販売大手の**コンステレーション・ブランズ**による、大麻取引が合法化されたカナダの大麻関連のキャノピー・グロースへの50億カナダドルの投資に、バンク・オブ・アメリカが資金を提供し、ゴールドマン・サックスが助言をした。大手金融機関はＳＡＦＥなどの行方を見極めながら、徐々に大麻取引市場に参入する構えのようだ。

コンステレーション・ブランズ
ビール、ワイン、スピリッツの製造、販売を手掛ける国際的なアルコール飲料会社。ビールの「コロナ」、ワインの「ロバート・モンダヴィ」など多くのブランドを抱える。カナダの大麻栽培会社キャノピー・グロースに出資し、合法化で拡大が期待される大麻関連ビジネスに布石したことでも知られている。

6 森林を守ろう

地球温暖化が進むのを抑制するには、二酸化炭素の排出を抑えることが重要だが、それとともに二酸化炭素を吸収する森林を守り、増やす必要がある。企業単位では温暖化ガスの排出削減目標に届かない分は排出権を購入すればつじつまが合うかもしれないが、地球全体の二酸化炭素の濃度を低下させないと意味がない。そのため、森林の保護は不可欠で、金融面からも森林破壊の防止、森林整備の促進への圧力が強まっている。

モデルフォレスト運動

森林の整備促進を目指す動きとして、**モデルフォレスト**運動がある。1992年6月に国連がブラジルのリオデジャネイロで開いた環境と開発をテーマとした国連環境開発会議（UNCED、地球サミット）で、カナダの代表が持続可能な地域づくりの活動として提唱した運動である。

同国では行政のほか、住民、ボランティア、企業、NGOなどが参加して、森林整備、木材の活用、森林生態系調査、野生獣の行動調査、渓流の水量・水質調査、生息魚類の調査などを実施している。

モデルフォレスト
1992年にカナダ政府が始めた森林の持続可能性を高めることを狙った活動。森林の生態系の維持、生物多様性の保全、水源の保全とともに、レクリエーションの場として活用することで経済的な利益の安定も目指している。1995年に運動カナダの提案を受けて、この運動は40近い国で61の森林、7000万ヘクタールが対象に実施されている。日本では2006年に京都で京都モデルフォレスト協会が設立され、いまも京都の森を守る運動を続けている。

この協会の設立発起人代表になり、協会の初代理事長を務めたのが、京都銀行頭取だった柏原康夫である。当時、柏原は「協会は間伐などによる森林の保護を中心に活動をしている。例えば京都市右京区に森林を持つ三井物産と森林利用の協定を結んだ。大文字五山の送り火用のアカマツ、鞍馬の火祭りのたいまつに使うコバノミツバツツジは将来、不足が懸念される。そこでモデルフォレスト協会が間伐で三井物産の森を守る一方、そこで出た木材を伝統行事に活用する内容だ。森林保護をめぐっても、間伐などのボランティア活動が活発になっている。それ自体は価値のある大切なことだが、それだけで山の問題は解決しない。産業として再生させないと、持続性がない」と指摘していた。

柏原は2008年に山陰合同銀行の頭取、古瀬誠らと、「日本の森を守る地方銀行有志の会」を発足させ、多くの地銀が参加した。日本の国土の7割は森林でおおわれており、それを守る活動を支援していくことを確認している。

ただ、環境を考えるとき、経済効率とどう整合性を取るかが課題になる。GDPに占める林業の比率は微々たるもので、利益を最優先に考えると、そんなことに取り組

を推進する国際モデルフォレストネットワークが組織され、日本からは京都モデルフォレスト協会が参加している。

んでいる時間があるのなら、経営資源を自動車や情報通信などに振り向けたほうがいいと考える銀行経営者は少なくない。銀行の場合、毎期の決算で市場から評価されるが、環境活動はその期だけで見るとコスト増になる。

しかし、それではサステナブルな社会はつくりだせない。地球環境という長期的な視点で見ると欠かせない活動を、投資家などの理解を得ながら、どう進めていくかが課題になっている。目先のGDPや銀行の四半期利益だけでなく、地域の持続可能性に価値を見出せる経営者が増えることを期待するばかりだ。

森林保護――オランダ銀リード、遅れ目立つマレーシア銀

個々に見ると環境保護に熱心な金融機関はあるが、全体的な状況はどうなのか。森林保護や地域住民の権利などの取り組みを通じて環境保護活動を展開している米国の環境NGOであるレインフォレスト・アクション・ネットワークは、2018年にインドネシアで環境活動をするTUKインドネシア、アムステルダムに本拠を置くサステナビリティなどを調査する非営利企業のプロファンドと協力して、東南アジアにおける森林セクターに資金提供している金融機関31社を評価している。

評価は4分野で基準を決めて点数を付けている。具体的には、「林業や土地利用に関する主要な国際規約と枠組みを支持しているか」「森林リスク産品セクター方針を

持ち一般公開しているか」――など〈対象範囲（5基準）〉、「自然生息地の土地利用転換や質を劣化させるような事業活動を禁止しているか」「高炭素貯蔵林の土地利用転換や質を劣化させるような事業活動を禁止しているか」「遺伝子組み換え種・外来種および有害な農薬の導入や使用を禁止しているか」――など〈顧客に適用する環境の方針基準（8基準）〉、「労働者とコミュニティの健康と安全をまもるための予防措置を求めているか」「有効な苦情処理メカニズムへのアクセスを確保している」――など〈顧客に適用する社会面の方針基準（6基準）〉、「地理・位置情報のある森林所有・事業管理地の地図の公表を求めているか」「環境社会評価の公表を求めているか」――など〈顧客に適用するガバナンスの方針基準（6基準）〉で評点し、その合計で銀行をランキングしている。

ランキングでは、対応が進んでいるのはオランダのABNアムロで、ラボバンク（オランダ）、スタンダード・チャータード（英）、BNPパリバ（仏）、ドイツ銀行（独）、シティ（米）、HSBC（英）、JPモルガン（米）、クレディ・スイス（スイス）、ANZ（豪）の順となっている。

日本勢では三井住友フィナンシャルグループの11位がトップで、12位に三井住友信託、13位に三菱UFJフィナンシャル・グループ、14位にみずほフィナンシャルグループ、20位に野村ホールディングス、24位に大和証券が入っている。

この地域では中国の銀行も融資を伸ばしているが、ランキングは中国国家開発銀行が23位、中国工商銀行が25位、中国銀行が26位、交通銀行が27位、CITICが29位と低迷している。

最も評価が低いのはマレー半島、カリマンタンに広大な森林を抱えるマレーシアの銀行である。28位がCIMB、30位がメイバンク、31位がRHB銀行となっており、環境より開発にウエイトが置かれすぎているのではないかと懸念されている。

問われるFPIC原則の遵守

レインフォレスト・アクション・ネットワークは2021年には「キープ・フォレスト・スタンディング、森林&人権方針ランキング2021」を発表し、森林破壊と人権侵害をもたらす企業と銀行の実施方針を評価している。

対象は熱帯雨林関連で活発な活動をしている有力消費財10社と銀行7社の合計17社で、評価項目として、①自社サプライチェーンや投融資から森林破壊および人権侵害を停止するための方針を採用したか、②自社事業が森林と地域や先住民族のコミュニティの権利に与える影響の全容を公表したか、③暴力的行為を未然に防ぎ、地域および先住民族コミュニティの権利がしっかりと尊重されることを保証しているか、④取引先（供給業者および投融資先企業）が森林保護と人権尊重の自社方針に違反していることが判明した際、調達や資金提供といったビジネスの業務実態を実際に変えているか、⑤顧客に対して、取引先（供給業者および投融資先企業）が自社方針を遵守していることを証明することができるか——を挙げている。

分析結果として、消費財企業は全社とも**森林減少禁止、泥炭地開発禁止、搾取禁止（NDPE）方針**を公開しているが、コミットメントを果たしている企業は1社もない。森林監視システムを持っている企業もあるが、森林破壊事例への対応はその場限りのもので透明性に欠けると指摘している。そのうえで、企業では日清食品、花王、米コルゲート・パーモリーブ、伊フェレロ、米モンデリーズ、米P&Gの対応が最も取り組みが遅れている「不可」だとしている。

銀行については、オランダのABMアムロとシンガポールのDBSには、広範囲の融資先企業に森林減少禁止、泥炭地開発禁止、NDPEにおける生産基準のベストプラクティス要件を約束するよう求める方針があるが、実施計画の開示を含む方針遵守を確保する制度が欠けているとして「D」の評価を下している。

「不可」とされたのは5行だ。マレーシアのCIMBは、融資先企業にデュー・デリジェンスを実施しているが、NDPE方針の採用が必須ではなく、推奨にとどまっている。インドネシアのBNI（バンク・ネガラ・インドネシア）と中国の中国工商銀行（ICBC）は持続可能性の課題を開示するも、NDPEの生産基準のベストプ

NDPE（No Deforestation, No Peat, No Exploitation）方針
国際環境NGO、レインフォレスト・アクション・ネットワークが2014年から掲げる新興国開発の基本方針の一つで、森林減少禁止、泥炭地開発禁止、搾取禁止を意味する。森林破壊を誘発しやすいパーム油産業などで、遵守すべき基本原則と位置付けられている。

ラクティス要件には言及していない。

日本の三菱UFJフィナンシャル・グループは最近パーム油企業にNDPE基準を遵守する旨の公表を求めたが、紙パルプ部門を含む他の森林リスク産品には同様の基準を適用していない。JPモルガン・チェースも最近、パーム油の融資先企業にNDPEの要求事項に整合性を持つよう求める意向を発表したが、2021年9月まで適用されないため、この分析では評価されていないとしている。

また、分析は課題として「消費財企業と銀行のいずれも人権に関する適切なデューデリジェンス手順を持っていない。供給業者または投融資先企業が関連のある法律、規制、ベストプラクティスである**FPIC原則**（「自由意思による、事前の、十分な情報に基づく同意」の尊重）を遵守していることを独自検証している企業は1社もない。これでは関与している可能性のある人権侵害の特定や回避、または是正ができない」と批判している。

またプロフンド、レインフォレスト、TuKインドネシアのほか、バンクトラック、インドネシアのジカラハリなどは2021年に、「中国の銀行の森林リスク・ファイナンシング」と題するリポートをまとめた。2016年1月から20年4月までの、森林のリスクにさらす可能性のある企業活動へのファイナンス状況を分析したものだ。

国別に見ると紙パルプ、パーム油、ゴム関連など森林リスク融資・債券の引受け額

FPIC原則
「事前の自由な意思による十分な情報を得たうえでの合意（Fre, Prior, and Informed Consent）」を求める原則を指す。開発に当たって、先住民族の暮らしや文化を破壊から守る人権保護の主要原則の一つで、近年では森林開発に際してこの原則適用を求める動きが広がっている。

が最も多いのはアマゾンを抱えるブラジルの銀行（530億ドル）だが、中国の銀行が150億ドルで2位につけている。スマトラ、カリマンタンなどの広大な熱帯雨林を抱えるインドネシアの銀行の融資額140億ドルを上回る積極姿勢を見せている。

中国の銀行で融資と債券引受けが最も多いのは、中国工商銀行の22億ドル。それに中国銀行の17億ドル、CITICの15億ドル、中国建設銀行と中国農業銀行の11億ドルが続いている。

リポートは「中国は熱帯林の面積が小さいにもかかわらず、金融機関は森林破壊へのエクスポージャーが大きい」と指摘、金融セクター規制によって森林破壊を阻止し、森林コミュニティを保護し、気候変動を遅らせるための実際の対策をとるよう求めている。

III

変わる枠組み、変わる銀行

SUSTAINABLE FINANCE

第5章 公的機関・投資家が突き付けるサステナブル基準

公的機関や投資家がサステナブルかどうかでマネーを選別する動きを強めている。それは、サステナブルな社会を志向する納税者や資金の受託者への責任を果たすための自主規制である。ただ彼らが動かすマネーの規模は大きいため、そこで用いられている基準が金融資本市場で規制に準じた影響力を持ち始めている。

1 横行するグリーン・ウオッシング

不祥事隠す環境活動——広報予算でグリーン・ボンド購入も

環境や社会的責任への取り組みは、かなり古くから存在する。欧州では1980年代にドイツで環境重視を掲げる緑の党が一定の政治力を確保し、力を伸ばしていった。ただ、80年代は英首相マーガレット・サッチャー、米大統領ロナルド・レーガンなどによる新自由主義的な政策運営のもとで、企業利益が最重視される傾向が強まり、成

グリーンピース
環境活動家のアーヴィング・ストウとドロシー・ストウが核実験反対を掲げカナダに設けた「波立てるな委員会」を起源と

長を抑制する可能性のある「環境」や「社会的責任」を重視する流れは押しのけられがちだった。

とはいえ、環境や社会的責任に取り組むこと自体は正しい行いで、社会的には高い評価につながる。そのため、不祥事などで評価が下がった企業が、評価を上げるために取り組む例が多かった。

仮に、不祥事の後処理として取り組むにしても地域の環境活動支援などは悪いことではないが、なかには環境にやさしくない事業活動から目をそらすために実態以上に環境への取り組みを紹介する企業も現れた。

そうした動きに対して、1990年代には環境活動に取り組む国際NGO（非政府組織）の**グリーンピース**が『グリーンウオッシュ』という本を出版し、うわべだけの環境配慮への注意を促している。

この**グリーン・ウオッシング**に関しては、米国のコンサルティング会社BSRと英国のコンサルティング会社フテラの報告書「グリーンウオッシュを発見し防止する：ビジネスガイド」が、グリーン・ウオッシングのシグナルとして「開発・販売企業が裏で悪いことをしている」「（エコフレンドリーなど）あいまいな言葉を使っている」「同業者のなかで一番だと主張している」などを挙げている。

またグリーン・ウオッシングにならないためのチェックリストとして、「活動以上に、

する環境NGO。1971年にグリーンピースと改名し、活動領域を自然保護などに広げていった。各国に活動が広がり、79年にそれを統括する形でオランダにグリーンピース・インターナショナルが設けられ、気候変動、森林問題など幅広い分野で活動している。ただ抗議活動が行き過ぎる例もあり、批判も少なくない。

グリーン・ウオッシング　環境配慮の「グリーン」と、欠点を隠して体裁を取り繕う「ホワイトウオッシュ」を組み合わせた造語で、環境に熱心に取り組んでいるように見せかけることを意味する。環境などに関し悪い実体を隠したり、実態を誇張した広告で、企業イメージを高めようとする動きが後を絶たない。

その活動のコミュニケーション（広告宣伝）に資金を使っているかどうか」「(環境対策に取り組んでいるなどとする）主張の裏付けとなるデータがあるか」「取り組みの主張は、会社のほかの活動と整合的か」などを掲げている。

グリーン・ウオッシングの例としては、あるタバコ会社による「無添加タバコ」「オーガニックタバコ」といったPRがある。タバコ自体、体に害があるわけで、それを隠すイメージ操作的な手法が批判されている。

日本の金融においても、グリーン・ウオッシングが疑われる事例は横行している。ある世界的なグリーン・ボンド発行体の東京の責任者によると、運用会社などが環境活動としてグリーン・ボンドや**ソーシャル・ボンド**などへの投資をするケースがあるが、投資は投資ポートフォリオの資金からではなく、広報予算で実施されているケースがあるという。

実際の投資・運用をつかさどる部署は運用成績優先でグリーン・ボンドなどに消極的な実態を、広報部門による購入で目をそらす効果を狙っているのかどうかがカギを握る。

広報によるグリーン・ボンド購入が、購入額に見合った程度で周知されるなら、投資されないよりも投資された方がいいので推奨されるが、さも一大事のように大々的にプレス発表されるようだと、グリーン・ウオッシングが疑われる。

ソーシャル・ボンド
社会的課題の解決に貢献するプロジェクトに資金使途を限定した債券。国際資本市場協会（ICMA）が該当債券の基準を示す、「ソーシャル・ボンド原則」を定めている。該当事業としては飲料水、衛生、輸送などを安価に供給するためのインフラ、健康、教育、ヘルスケアなどのエッセンシャル・サービスなどが挙げられている。

グリーン・ウオッシングが横行するなかで、1990年代の後半からは世界的に環境格付け会社が乱立するようになる。格付けを取ってグリーン・ウオッシングではないと主張したい企業の需要に応えるものだ。格付け会社のなかには勝手に環境基準を定めて格付けをつけ、それが低いから手数料を払ってコンサルティングを受けるように求めるたちの悪い会社まで現れた。住みやすい社会を目指し広がりを見せていた環境運動は、企業がグリーン・ウオッシングに邁進し、勝手な環境格付けが横行するなど、ゆがみも生じ始めていた。

2 ノルウェー除外リストの衝撃

国際機関の融資モラル――IFCの業種除外

環境に関して格付けを取るなど外形だけを整えればいいと考える企業が増えるなか、自ら基準を定め、調査をして、きっちりと環境や社会的責任を重視するべきだとの議論が出てきた。金融機関が投資や融資をする際に、環境重視や社会的責任に反するような企業を特定し、対象から除外し始めたのだ。

はしりは1990年代から見られた。米海外民間投資会社（OPIC、現国際開発金融公社＝DFC）や米輸銀は、国際条約で禁止されているような**オゾン層破壊物質**、

オゾン層破壊物質
地球を取り巻き、有害な紫外線の多くを吸収しているオゾン層を、破壊する物質。1985年のウィーン条約でオゾン層保護の基本枠組みが定められ、87年のモントリオール議定書で破壊の恐れのある物質を特定するとともに、その削減計画が示された。対象となっているのはハロン、トリクロロエタン（メチルクロロホルム）、ブロモクロロメタンなどで、スプレー缶にフロンを噴霧材として使う化粧品・殺虫剤などの禁止につながった。

農薬、有害化学物質の製造・使用・取引については融資対象としないとしていた。世界銀行グループの開発金融機関である国際金融公社（IFC）も、原生林における開発行為（採鉱等）や原生林の伐採・木材取引は融資対象から外していた。

この流れは2000年代に、より鮮明になる。IFCは、07年に資金を提供しないプロジェクトの種類を明示した。IFCによる除外業種リストは、下の通りだ。また、搾取的な形態の強制労働、有害な児童労働を伴う生産活動や、持続的な方法で管理された森林以外の木材の伐採などについても、資金を提供しない旨を明記している。

IFCは途上国の経済成長を促すための資金提供を使命としており、脆弱な環境下にある人々への雇用創出と生活改善の支援に重点を置いている。資金提供が実質的に使命達成の妨げになっては元も子もないので、基準を明確にした。

グローバル指標化するNBIM――環境などで投資対象を選別

公的な色彩の強い国際機関が開発融資などで、金融の責任を明

- 国の法律・規制または国際条約で違法と見なされる、製品、活動、生産、取引。例えば、一部の医薬品、農薬・除草剤、オゾン層破壊物質、PCB（ポリ塩化ビフェニール）、野生生物など
- 武器や軍需品の生産または取引
- ビールとワインを除く、アルコール飲料の製造または取引
- タバコの生産または取引
- ギャンブル、カジノ、および同等の企業
- 医療機器、品質管理（測定）機器以外の放射性物質の製造または取引
- アスベスト繊維の製造または取引
- 2.5キロメートルを超える網を使用した海洋環境での流し網漁

（注）「IFC Exclusion List」

確化しはじめるなか、投資の分野でも類似の動きが出てきた。

ノルウェーは2005年に、同国の基金が、クラスター爆弾の主要部品を製造しているとして米アライアント・テックシステム、欧州のEADS（現エアバス）、米ジェネラル・ダイナミクス、米L3コミュニケーションズ、米ロッキード・マーチン、米レイセオン、仏タレスを投資対象から除外することを決めている。

投資家の一部には、社会的責任などを考慮して投資対象を選ぶ動きがあったものの、「きれいごとにこだわっていては、収益はあげられない」との声が少なくなかった。しかし、環境や社会的責任への関心が少しずつ高まるなかで、国家が後押しするファンドに広がり始めたのだ。

ノルウェーでは、1969年に沖合で油田が発見され、豊かな石油・ガス収入を得られるようになった。同国はそこで得た資金については基金（ノルウェー政府年金基金、GPFG）で、仮に石油が枯渇しても同国経済を守れるように、長期的な視点で、責任をもって運用することにした。

ノルウェー議会と財務省は、基金の管理に関する規則を定め、その管理の責任をノルウェー中央銀行に委任している。実際に運営しているのは、中銀傘下の組織であるNBIM（ノルジュ・バンク・インベストメント・マネジメント）である。財務省が、企業の倫理的評価を行うために独立した倫理評議会を設立し、NBIMはその勧告にもとづいてファンドの投資方針を決めている。

具体的には、NBIMは倫理評議会の勧告をベースに、除外対象としたり、経過観察としたりする投資除外リストを設け、それにもとづいて投資している（表20）。

除外の基準として挙げられているのは、企業の生産活動だ。通常の使用を通じて基本的な人道主義の原則に違反する武器（核兵器、クラスター爆弾、対人地雷を含む）の主要コンポーネントを生産する企業と、タバコを生産する企業は、除外する。自らまたは管理する事業体を通じて、収入の30％以上を一般炭から、または事業の30％以上を一般炭から得ている鉱業会社および電力生産者は、除外または監視対象にする。

企業の行動に関連しても除外はありうるとし、その基準として、①殺人、拷問、自由の剝奪、強制労働、最悪の形態の児童労働などの深刻なまたは体系的な人権侵害、②戦争または紛争の状況における個人の権利の重大な違反、③深刻な環境被害、④企業全体のレベルで許容できない温室効果ガス排出につながる作為または不作為、⑤ひどい腐敗、⑥基本的な倫理規範からの逸脱――を挙げている。また国に関連したものとしては、シリア、北朝鮮が発行した債券には投資せず、両国に武器や軍事機器を販売する企業も除外するとしている。

これはいわばノルウェー公定除外企業リストと言える。NBIMの運用する基金の市場価値は1兆2700億ドルと巨大であり、投資対象は73カ国の9100社にのぼ

表20　ノルウェー中央銀行投資管理部門（NBIM）の企業の除外と監視のリスト

（製品ベース）

【石炭または石炭ベースのエネルギー生産】
Aboitiz Power Corp（2016）
AES Corp（2016）
AES Gener SA（2016）
AGL Energy Ltd（2020）
ALLETE Inc（2016）
Alliant Energy Corp（2016）
Ameren Corp（2016）
American Electric Power Co Inc（2016）
Berkshire Hathaway Energy Co（＊2018）
BHP Group Ltd/BHP Group Plc（＊2020）
Capital Power Corp（2016）
CESC Ltd（2016）
CEZ AS（2017）
China Coal Energy Co Ltd（2016）
China Power International Development Ltd（2016）
China Resources Power Holdings Co Ltd（2016）
China Shenhua Energy Co Ltd（2016）
中国電力（2016）
CLP Holdings Ltd（2016）
CMS Energy Corp（＊2016）
Coal India Ltd（2016）
CONSOL Energy Inc（2016）
Datang International Power Generation Co Ltd（2016）
DMCI Holdings Inc（2016）
DTE Energy Co（2016）
Electric Power Development Co Ltd（2016）
Electricity Generating PCL（2016）
Emera Inc（2016）
Eneva SA（2017）
Engie Energia Chile SA（2016）
Evergy Inc（2019）
Exxaro Resources Ltd（2016）
FirstEnergy Corp（2016）
Glencore PLC（2020）
Great River Energy（2017）
Guangdong Electric Power Development Co Ltd（2016）
Gujarat Mineral Development Corp Ltd（2016）
HK Electric Investments & HK Electric Investments Ltd（2017）
北海道電力（2016）
北陸電力（2016）
Huadian Energy Co Ltd（2017）
Huadian Power International Corp Ltd（2016）

Huaneng Power International Inc（2016）
IDACORP Inc（2016）
Inner Mongolia Yitai Coal Co Ltd（2016）
Jastrzebska Spolka Weglowa SA（2016）
Korea Electric Power Corp（2017）
九州電力（＊2016）
Lubelski Wegiel Bogdanka SA（2016）
Malakoff Corp Bhd（2017）
MGE Energy Inc（2016）
MidAmerican Energy Co（＊2018）
New Hope Corp Ltd（2016）
NorthWestern Corp（＊2017）
NRG Energy Inc（2016）
NTPC Ltd（2016）
OGE Energy Corp（＊2016）
沖縄電力（2016）
Otter Tail Corp（2017）
PacifiCorp（2018）
Peabody Energy Corp（2016）
PGE Polska Grupa Energetyczna SA（2017）
Pinnacle West Capital Corp（＊2016）
PNM Resources Inc（2016）
Public Power Corp SA（2016）
Reliance Infrastructure Ltd（2016）
Reliance Power Ltd（2016）
RWE AG（2020）
Sasol Ltd（2020）
SCANA CORP（＊2016）
SDIC Power Holdings Co Ltd（2017）
四国電力（2016）
Southern Co/The（＊2016）
Tata Power Co Ltd/The（2016）
Tenaga Nasional Bhd（2016）
東北電力（＊2016）
TransAlta Corp（2016）
Tri-State Generation and Transmission Association Inc（2018）
Uniper SE（＊2020）
Vistra Corp（＊2020）
WEC Energy Group Inc（2016）
Washington H Soul Pattinson & Co Ltd（2019）
Whitehaven Coal Ltd（2016）
Xcel Energy Inc（2016）
Yanzhou Coal Mining Co Ltd（2016）

【核兵器の生産】
Aerojet Rocketdyne Holdings Inc（2008）
Airbus Finance BV（2005）
Airbus SE（2006）

BAE Systems Plc（2018）
Boeing Co/The（2006）
BWX Technologies Inc（2013）
Fluor Corp（2018）
Honeywell International Inc（2006）
Huntington Ingalls Industries Inc（2018）
Jacobs Engineering Group Inc（2013）
Lockheed Martin Corp（2013）
Northrop Grumman Corp（2006）
Safran SA（2006）
Serco Group Plc（2008）

【タバコの生産】
Altria Group Inc（2010）
British American Tobacco Malaysia Bhd（2010）
British American Tobacco Plc（2010）
Gudang Garam tbk pt（2010）
Huabao International Holdings Ltd（2013）
Imperial Brands Plc（2010）
ITC Ltd（2010）
日本たばこ産業（2010）
KT&G Corp（2010）
Philip Morris Cr AS（2010）
Philip Morris International Inc（2010）
Schweitzer-Mauduit International Inc（2013）
Shanghai Industrial Holdings Ltd（2011）
Swedish Match AB（2010）
Universal Corp/VA（2010）
Vector Group Ltd（2010）

【クラスター爆弾の製造】
Hanwha Corp（2008）
Poongsan Corp（2006）
Textron Inc（2009）

（行動ベース）

【深刻な環境被害】
Astra International Tbk PT（＊2015）
Barrick Gold Corp（2009）
Bharat Heavy Electricals Ltd（2017）
Duke Energy Corp（2016）
ElSewedy Electric Co（2020）
Freeport-McMoRan Inc（2006）
Genting Bhd（2015）
Halcyon Agri Corp Ltd（2019）
IJM Corp Bhd（2015）
MMC Norilsk Nickel PJSC（2009）
POSCO（2015）

Posco International Corp（2015）
Ta Ann Holdings Bhd（2013）
Vale SA（2020）
Vedanta Ltd（2014）
Volcan Cia Minera SAA（2013）
WTK Holdings Bhd（2013）
Zijin Mining Group Co Ltd（2013）

【許容できない温暖ガス排出】
Canadian Natural Resources Limited（2020）
Cenovus Energy Inc（2020）
Imperial Oil Limited（2020）
Suncor Energy Inc（2020）

【人権侵害】
Centrais Eletricas Brasileiras SA（Eletrobras）（2020）
Formosa Chemicals & Fibre Corp（2020）
Formosa Taffeta Co Ltd（2020）
G4S Plc（2019）
Hansae Co Ltd（＊2017）
Hansae Yes24 Holdings Co Ltd（＊2017）
Honeys Holdings Co Ltd（2021）
Luthai Textile Co Ltd（2018）
Nien Hsing Textile Co Ltd（＊2018）
Page Industries Ltd（2020）
Zuari Agro Chemicals Ltd（2013）

【戦争や紛争における個人の権利の重大な侵犯】
Danya Cebus Ltd（2020）
キリンホールディングス（＊2021）
Mivne Real Estate KD Ltd（2021）
Shapir Engineering and Industry Ltd（2021）
Shikun & Binui Ltd（2012）

【そのほかの倫理規範の重大な違反】
Elbit Systems Ltd（2009）
San Leon Energy Plc（2016）

【重大な腐敗】
Hyundai Engineering & Construction Co Ltd（＊2021）
JBS SA（2018）
Leonardo SpA（＊2017）
ZTE Corp（2016）

【深刻な環境被害｜人権侵害】
Evergreen Marine Corp Taiwan Ltd（2018）
Korea Line Corp（2018）
Pan Ocean Co Ltd（＊2018）
Thoresen Thai Agencies PCL（2018）

（注）2021年7月1日時点、カッコ内はリスト掲載年、＊は「監視」（除外するか検討中を示す）

る。世界最大級の**ソブリン・ウエルス・ファンド**が、倫理基準による投資対象の選別をし始めたことは、世界の投資コミュニティに大きな影響を与え、投資における環境配慮、ESG投資などの流れを巻き起こすことになった。

石炭基準の除外企業に中国電力など日本勢も

このノルウェーの除外リストには日本の企業も掲載されている。2010年にはタバコを生産する17社をGPFGの投資対象から除外することを決めており、そのなかに「日本たばこ」も入っている。

2016年には温暖化ガスを多く排出する企業を特定する「石炭基準」による除外企業を発表しており、そのなかには日本の北海道電力、沖縄電力、四国電力、中国電力、電源開発、北陸電力の6社が入った。また、監視対象とされた企業として九州電力、東北電力が挙げられている。

最近では2020年6月、倫理評議会は、個人の権利の重大な侵害に関するGPFGの監視および除外に関するガイドラインに従って、ミャンマー・エコノミック・ホールディングス（MEHL）とビジネスパートナーシップを結ぶ日本のキリンホールディングスを監視下に置くことを推奨した。

MEHLから国軍への資金の流れが指摘されるなか、「ミャンマーの軍隊は、国の

ソブリン・ウエルス・ファンド
国が保有する資産を積極的に運用するためのファンド。石油・ガスなどの資源売却収入を原資にするファンドや、輸出などで蓄えた外貨準備を原資にするファンドがある。前者のノルウェー政府年金基金（NGPFG）や後者の中国投資（CIC）は資産規模が1兆ドルを超えるなど、運用規模が大きく、国際金融市場に大きな影響を及ぼすようになっている。

民間人に対して極度の残虐行為を行っており、犠牲者の多くは、ミャンマーの宗教的少数派であるロヒンギャ・コミュニティに属している。倫理評議会は、紛争地域で事業を行う企業は特別な注意を払うことが期待されており、MEHLとのビジネスパートナーシップは重大な違反に寄与するリスクが高い」と指摘。ノルウェー当局によると、キリンはこれに対し、「ミャンマーでの事業の変更を検討しているが、時間がかかる可能性がある」と伝えていた。

2021年2月に、ミャンマーで国軍によるクーデターが発生し、キリンはMEHLパートナーシップを終了することを決定したと発表したが、3月に倫理評議会はパートナーシップが終了するまで監視し続けるとし、それにもとづきNBIMはキリンを監視対象とした。

IFCやノルウェーのソブリン・ウエルス・ファンドは先鋭的であるかもしれないが、その主張に説得力があるのは確かだ。収益重視でそうした金融機関・投資家の方針を無視するのは自由だが、無視し続ければ、結果として資金の供給源を細め、株価にも響きかねない。その意味では、この除外リストは、企業の行動を変容させる大きな力を持っていると言える。とりわけNBIMはこの分野ではリーダー的な存在として知られており、その除外リストは実質的には禁止規制に準じるような影響力を有している。

3 金融機関へのダイベストメント——威力増す環境アクティビスト

みずほ株主総会での株主提案に34％の賛成

ノルウェーのファンドによる投資除外リストは、資本市場に極めて大きい影響を与えた。ノルウェーのファンドは、同国が原油採掘で得た巨額の利益を運用する、世界最大級のソブリン・ウエルス・ファンドだが、そのファンドが物を言い始めたのだ。もちろん、それまでも物言うファンドは存在したが、圧倒的な規模を誇るファンドが動き出したことは、投資家が物を言うのは当然の権利という時代の扉を開き、株式発行企業はその発言に留意せざるを得なくなった。

投資家にとって、投資は一定の投資リターンを期待して実施するものである。なかには目先の利益を最優先するように経営に圧力をかけるアクティビストも登場し、企業経営が混迷するケースもあった。

ただ、ノルウェーのファンドなどのケースでは、社会のためになる倫理基準を設け、それに照らして投資の可否を判定する。目先の利益だけだと企業の研究開発などに資金が回らないため、長期的な視点で自らと社会の利益を考えているかどうかを基準に、投資対象をふるいにかけた。

ノルウェーの場合は国が背景にあったため、そうした基準を取り入れやすい側面はあったが、環境問題への関心の高まりとともに、民間ファンドや一般株主が物を言うケースが増え始める。投資家サイドが、企業に、そして銀行にサステナブルな業務をしているかどうかを強く問いかけ始めた。金融機関は投資家からの、サステナブルかどうかを見定めようとする視線にさらされ、対応を余儀なくされていく。

日本の金融界に衝撃が走ったのは2020年6月だった。みずほフィナンシャルグループの株主総会に、株を保有する環境NGOの**気候ネットワーク**が「パリ協定の目標に沿った投資を行うための指標および目標を含む経営戦略を記載した計画を、年次報告書で開示するという条項を、定款に規定する」という株主提案をした。

取締役会は「環境方針において、指標・目標の設定、リスクと機会の戦略への組込み、積極的な情報開示等を明文化している。したがって、定款に本議案のような条項を規定する必要はないと考える」と、議案に反対した。

議決では株主提案が否決されたが、5日後に明らかにされた賛否の議決権の数によると株主提案への賛成は34%にものぼったことが明らかになった。賛成者のなかにはカリフォルニア州職員退職年金基金（カルパース、CalPERS）など、大手投資家も含まれていた。

株価が低迷する邦銀にとって、株主の3分の1以上が取締役会の考えに反対し、株

気候ネットワーク
1998年に京都市に設けられた環境NGO。京都で開かれた第3回国連気候変動枠組み条約締約国会議を民間レベルで支援する気候フォーラムが前身で、気候変動に関する政府の活動の監視・提言や、市民の気候変動問題への取り組み支援などを実施している。

主提案に賛成した意味は小さくない。銀行が株式市場で生きていくには、環境などを重視する流れを無視できないことを強く印象付けた。

日本の銀行では株主総会での、株主提案は好意的に受け止められてこなかった。形式を重んじる銀行においては、総務部が株主総会を短い時間で、想定通り進めることが重視され、株主総会が形骸化してきた。

そうした日本的なカルチャーに目を付けたのがいわゆる総会屋で、バブル期には株主総会に出席して多くの質問や提案をして、株主総会を長引かせた。それを嫌ったみずほ銀行の前身の第一勧業銀行では1997年に、長年にわたり総会屋に利益供与していたことが発覚している。

かつて総会屋の手口は株主総会でスキャンダルを暴露するといった脅しや、経営への言いがかりのようなものが多かったが、昨今の環境対応などでのNGOなどによる株主提案ではまっとうな内容が少なくない。

みずほのケースでも、「定款」の厳密な解釈にもとづけば、取締役会の反対意見もわからなくないが、海外の投資家から見れば、どうしてパリ協定の目標に沿った計画などを明示できないのか不可解に映る。

物言う投資家の時代になって、投資家の物言いのレベルはかつてとは比較にならないくらい上がっているのに対し、銀行側は総務部主導の無難な総会運営という昔ながらの姿勢から大きく変われないでいるようだ。

環境NGOに柔軟姿勢示したHSBC

欧米を見ると、環境NGOなどの株主提案に柔軟な姿勢を見せる例も出始めている。まっとうなことを言われれば、それに対応せざるを得ない時代になりつつあるのだ。

英大手金融機関HSBCは2020年10月に、50年までに二酸化炭素排出をネット・ゼロとする方針を示した。30年までに1兆ドルの資金と投資で顧客の低炭素移行を支援するなどの内容で、自ら野心的としていたが、化石燃料関連の融資に関しては明確な計画を盛り込まなかった。

それを受け環境NGOの**シェアアクション**が2021年1月に、化石燃料へのエクスポージャー削減を求める株主提案を銀行に提出した。シェアアクションの提案には、欧州の大手資産運用会社も含まれていた。

これを受け、HSBCの取締役会は、先進国では2030年までに、そのほかの市場では40年までに、石炭火力および石炭採掘への資金融資とその関連業務を段階的に廃止する特別決議をすると約束したため、シェアアクションは2021年3月に株主提案を取り下げている（実際に同年5月に決議された）。

この動きは、2つの点で大きな意味を持った。一つは、環境面でHSBCが、石炭

シェアアクション
英国の学生ネットワーク、「ピープル&プラネット」の活動をベースに、2005年に設けられた環境NGO。貯蓄者と地域社会に奉仕し、環境を長期的に保護する投資システムづくりを目指している。責任投資に関する研究・提言活動のほか、上場企業の株主総会に出席し、

火力向け融資について事実上パリ協定に反することを認めたことだ。邦銀はじめビジネス上の観点から石炭火力向け融資を続けている金融機関は少なくないが、それが許されなくなりつつあることを印象付けた。

もう一つは、株主の圧力が、銀行を動かす圧力になったことだ。シェアアクションによると、HSBCに対する株主提案に賛同の動きを見せた投資家の資産運用額合計は2・4兆ドルにのぼる。

ネット・ゼロ、環境保護などサステナブルな経済を目指す動きは投資家に深く浸透し、その声は金融機関に重くのしかかり始めている。銀行には、環境対応は融資先の企業の問題で、融資の資金使途にまでは踏み込みにくいとの考えが根強くあったが、銀行が使途についても一定の責任を負う必要が示されたと言える。

銀行自体、古くから社会的責任を負っていると公言してきただけに、環境の時代に新しい形の社会的責任の果たし方が問われている。

4　動き出す開示規制

TCFD設立――FSBが促した環境リスクの「見える化」

環境に対する関心が高まるなかで、金融や投資の分野で「企業がどういう対応をし

環境関連の質問・提案をする環境アクティビストとしての活動も実施している。

ているのか」が一段と注目されるようになる。

当初は、企業の社会的責任を問う側面からの関心が高かった。しかし、温暖化が洪水や山火事など大規模な被害を及ぼすなかで、農作物の収量の変化が収益に大きな影響を与えたり、環境対応の機器の需要が急増したりといった形で、気候変動が中長期的に企業経営に大きな影響を与える点も認識されるようになる。

気候変動が事業活動にとって大きなファクターとなるにつれて、その情報開示を求める声も強まっていく。企業は利益などの財務情報については開示のフレームワークに沿って実施しているが、気候変動という非財務情報の開示が求められることになったのだ。

そうした流れのなかで、2015年4月にワシントンで開いたG20の財務省・中央銀行総裁会議は、金融監督当局で構成する金融安定理事会（FSB）に対して、金融セクターが気候関連の問題をどのように考慮できるかを検討するよう要請した。

その年の12月にはパリで第21回国連気候変動枠組条約締約国会議（COP21）が開かれることになっており、それに向けて金融界の気候変動対策が始動した。FSBは11月に、気候関連リスクに関する業界主導の開示タスクフォースの創設に関する提案をG20に提出する。企業に対応を促すとともに、そのリスクを「見える化」することが出発点と位置付けられたのだ。

それを受け、12月に民間主導の気候関連財務情報開示タスクフォース（ＴＣＦＤ）が設立された。投資家等による気候変動に関する重大なリスクの判断を容易にするために、気候変動に関する企業の取り組みの情報開示を充実させる目的で設立された国際的組織である。会長には、米国の大手情報通信サービス会社、ブルムバーグの創業者で、ニューヨーク市長も務めたマイケル・ブルームバーグが就任した。

ＴＣＦＤは「投資家、貸し手、保険会社は、環境の変化、規制の進化、新技術の出現、顧客の行動の変化に応じて、どの企業が耐えるか、さらには繁栄するか、そしてどの企業が苦労する可能性があるかについて明確な見解を持っていない。信頼できる気候関連の財務情報がなければ、金融市場は気候関連のリスクと機会を正しく評価できず、産業が新しい状況に迅速に適応しなければならない場合、突然の価値の変化と不安定なコストを伴う低炭素経済への困難な移行に直面する可能性がある」として、開示基準づくりに着手した。

産業別・業種別に開示基準

そして、２０１７年に報告書をまとめている。まず企業財務に影響を及ぼす可能性のある気候関連リスクについて「移行リスク」として**カーボン・プライシング（炭素の価格付け）**の強化や、排出量報告などによる管理コスト増大を、「物理的リスク」

カーボン・プライシング　排出される二酸化炭素に価格をつけ、排出した企業にお金を負担させる温暖化対策の手法。排出量に応じて課税する「炭素税」、あらかじめ決めた上限を超過する企業と下回る企業で排出量を売買する「排出量取引」、二酸化炭素削減価値を証書化し取引する「クレジット取引」、対策が不十分な国からの輸入に二酸化炭素の価格差を負担させる「炭素国境調整」などがある。

として洪水などの突発的な異常気象の発生による、サプライチェーン障害などを挙げている。その一方で、気候変動がもたらす機会として、低炭素排出の商品開発などを挙げている。

そのうえで、基礎項目として「ガバナンス」「戦略」「リスク管理」「指標と目標」の4つを挙げ、それぞれについて、企業が対応を開示するよう求めている。

「ガバナンス」に関しては、気候変動によって生じるリスク対策などを講じる役員や委員会が置かれているか、気候関連の課題などは取締役会や経営陣に報告されているか、取締役会は意思決定のときに気候関連の課題を考慮しているか、などに関する開示が求められている。

「戦略」としては、短期や長期のリスクが特定されているか、また2℃目標等の気候シナリオを考慮した戦略が立てられているか、などが問われている。

「リスク管理」では、気候関連のリスクをどう評価するか、規制要件の現状と見通しを把握しているか、気候関連リスクの優先順がつけられているかなどの情報の開示が求められている。

さらに「指標と目標」では、温暖化ガス排出量の算定に用いられる**温暖化ガス（GHG）・プロトコル**（世界環境経済人協議会などが作成した「事業者の排出量算定および報告に関する標準」）を用いて温暖化ガス排出量を計算し、排出量をx年までに

温暖化ガス・プロトコル
世界環境経済人協議会と世界資源研究所が1998年にまとめた、温暖化ガスの排出量の算定と報告に関する国際基準。原料の製造など企業活動の上流から、製品の販売など下流までの全体を通して、（工場などで排出する）直接排出量、（電力消費などの）間接排出量、サプライチェーン全体の排出量の算定を求めている。

シナリオ分析
組織が先行きの計画を立てる際に使う、将来環境を場合分けして影響を考察する分析手法。もともと軍事戦略作成において用いられていたものが、石油メジャーのロイヤル・ダッチ・シェルによってビジネスに転用され、広がった。金融監督で用いられるストレス・テス

y％削減するという具合の情報開示が求められている。

報告の特徴は、**シナリオ分析**を活用した先行きを見通す開示に力を入れている点だ。例えば気温上昇度が1・5℃未満、2℃未満、3℃未満など、複数のシナリオを設定し、そうしたシナリオが現実のものとなった場合に、実施できる具体的な対応計画を立てておき、状況の変化を見ながら柔軟に経営の舵取りを変えていくことを勧めている。

気候変動の影響は業種によって異なるため、業種の特殊性を考慮したきめ細かな開示になっている。金融では銀行、保険、アセットオーナー、アセットマネジャー、非金融ではエネルギー、運輸、材料・建物、農業・食品・木材についてはセクターごとの指針も示されている。

このTCFDは、企業統治・経営戦略・リスク管理などの開示をめぐって包括的な指針を示す一方で、それが有効な指針として機能するためには業界ごとのよりきめ細かな対応が必要になる。それに対し、例えば米国では米非営利団体の**サステナブル会計基準**機構（SASB）が、どの項目をどのように計測すればいいのかという産業・業種別の指標を示す基準を設けている。

世界銀行の元副総裁で、SASBのCEOだったマデリン・アントンシックに聞いてみると、「環境変化に対応して市場が効率的に資本を配分するには、これらのリス

トも、この手法にもとづいている。気候変動では、さまざまな事態に備える必要があるため、シナリオ分析が有効とされる。

サステナブル会計基準
米国のサステナビリティ会計基準機構（SASB）がまとめた、企業のサステナビリティに関する開示基準。2018年に、77業種について企業財務に影響を与える可能性が高く、開示すべきとされる指標や項目を具体的に示した。業種ごとの特殊性も踏まえた、比較的シンプルな開示基準になっており、利用の拡大が見込まれている。SASB自体は21年に、国際的な統合報告のフレームづくりを進めてきた国際統合報告評議会（IIRC）と統合してバリュー・レポーティング・ファウン

デーションを設立した。

クと機会が証券価格に適切に織り込まれる必要がある。国や地域が異なる同業種の企業を横断的に比較するにはグローバルな基準が必要だ」と指摘していた。

２０２０年11月には、英国がこのＴＣＦＤが公表している基準に沿った気候変動に関する情報開示を25年までに義務化する方針を表明した。英国の上場会社、中小企業を除く非上場会社、銀行、保険会社、アセットマネジャー、年金基金等が対象で、英国の経済活動の大部分に気候変動関連情報が紐付くとしている。

ＴＣＦＤの開示に対するアプローチは企業が開示するものを選択できるなど柔軟で、企業リスクの削減という目標を支援することができると見られている。ただ、開示は業界を越えて比較できないため、市場リスクの軽減の達成まではなお課題が多い。

踏み込んだ欧州の行動計画――透明性向上に開示ルールを盛り込む

パリ協定を確実に実現しようとすると、短期的な利益を最重視するお金の流れを変えていく必要が出てくる。欧州委員会（ＥＣ）は２０１８年３月に、持続可能な経済を作り上げるうえで金融が重要な役割を果たすとして、持続可能な成長への資金調達に関する行動計画を発表した。計画は取り組むべき、３分野で10の行動（表21）を挙げている。

この行動計画に取り組むためＥＣは２０１８年６月に、持続可能な金融に関する専門家グループ（TEG）を立ち上げ、「枠組みづくり（EUタクソノミー）」「グリーン・ボンド基準」「気候指標の開示」「持続可能性に関する企業開示のガイダンス」――の検討に着手している。

対応のなかでECがまず力を入れたのは、EUタクソノミーである。お金の流れを、グリーン・ディールを推進する事業に向ける際、いわゆるグリーン・ウオッシングを避け、環境への貢献度の高い企業や事業に適切な投資を行うための「選別・分類」で

表21　持続可能な成長への資金調達に関する行動計画

○資本の流れを持続可能な経済に向ける

1. 持続可能な活動を分類する枠組みを作る（EUタクソノミー）
2. グリーン・ボンドなど、グリーン金融商品の基準を作る
3. 持続可能な事業への投資を促す
4. 財務アドバイスに持続可能性の要素を組み込む
5. 持続可能性の指標を開発する

○持続可能性のリスク管理を徹底させる

6. 持続可能性を格付けや市場調査に取り込む
7. 資産運用で持続可能性に関する義務を定める
8. 銀行・保険の健全性規制に**グリーン・サポート・ファクター**を導入する

○透明性を向上させ、長期的な取り組みを促す

9. 持続可能性の開示・会計ルールを作成する
10. 持続可能な企業統治を促し、（目先の利益を最優先する）短期主義を改めさせる

（出所）欧州委員会

グリーン・サポート・ファクター　欧州委員会などが検討しているグリーン・ファイナンスを促進するための、銀行の資本準備金に導入するグリーン促進の要件。一方で、高炭素資産への投資などグリーン化を妨げるものについては、資本負荷を増やすブラウン・ペナルティの導入も併せて検討されている。ネット・ゼロに向け政治的なメッセージになるとの声がある一方、自己資本が棄損するリスクが高まり金融安定にはマイナスとの意見もある。

あり、2020年7月にタクソノミー規制としてまとめられた。

目的として「気候変動の緩和」「気候変動への適応」「水と海洋資源の持続可能な利用と保護」「循環経済への移行」「汚染の防止と管理」「生物多様性と生態系の保護と回復」などが挙げられている。

最大のポイントは、各企業がEUタクソノミーという共通基準に沿って適合率等の数値を開示し、国や金融機関がそれを参照し、環境の持続可能性に真に貢献する事業に、投融資したり、グリーン補助金を出したりできるようにしている点だ。

タクソノミーが確立されると、次はファイナンスの在り方に焦点が当たる。より具体的には、例えば、これがグリーン・ボンドであるという定義が必要になる。そこでEUは2021年6月に、グリーン・ボンド基準規制案を公表している。

現時点でグリーン・ボンドの世界での発行額の半分は、EUの企業と公共団体によるものだ。主導権が握れるうちに、この分野での国際基準をつくろうというのが、EUの戦略に他ならない。

SFDR——自主開示から規制へ

専門家グループ（TEG）の検討のなかから出てきたもう一つの考え方は、**持続可能な金融開示規制**（SFDR）である。SFDRは2019年12月に、ESGに関す

持続可能な金融開示規制（SFDR）
欧州連合が打ち出した金

るEUの対策パッケージの一部として公開された。投資会社など企業レベルと、金融商品など製品レベルの両方で透明性を高め、グリーン・ウォッシングのリスクを軽減することが目標になっている。

企業レベルでは、持続可能性リスクは環境、社会、またはガバナンスに悪影響を与える可能性のあるイベントとして定義されており、その悪影響が与える可能性に関する定量的、定性的な情報を企業のウェブサイトで開示することを求めている。定量的情報には、会社の投資の二酸化炭素排出量、化石燃料セクターへのエクスポージャー、森林破壊政策のない企業への投資のシェア、平均的な男女賃金などを含んでいる。

一方で、製品レベルではESG関連商品だけでなく、主流の金融商品にも開示要件を課している。ファンドについては、①持続可能な投資を目的としている、②環境的または社会的特徴を促進するが、持続可能な投資を目的としていない（投資のプロセスではESG基準を考慮している）、③ESG目標を促進することも、投資プロセスにESG基準を考慮することもない――の、いずれであるかを分類し、それを契約前の文書や、定期報告、ウェブサイトなどで開示するよう求めている。

環境に関する開示については、前述した通りTCFDが基準を定めている。それは気候変動からスタートしたもので、業界ごとの事情などを配慮した、グローバルな開

融機関に課すサステナブル・ファイナンスの開示規制。持続可能性を標準化して開示させ、投資家が比較できるようにするのが狙い。商品を、「サステナブルな目的」「環境・社会要因の促進」「サステナブルでない」に分類し、その開示を求めている。

示基準を目指している。

それに対しSFDRは気候変動だけでなく、それも含むより幅広い持続可能性に焦点を当てている。EUタクソノミーをベースにしているため、環境などへの最先端の考えにもとづき、それが自主的な対応でなく、規制対応として打ち出されている。

これは、開示のレベルが自主的から強制的な制度として一歩進んだことを意味している。このSFDRを含む規制は2021年3月から導入予定だったが、SFDR部分の作業の遅れやコロナ禍の影響で、延期されている。ただ、EUは導入方針自体を見直す考えはなく、早晩、導入される。SFDRはEU域内の金融市場参加者に幅広い影響を及ぼすだけでなく、EUに金融商品を売ろうとする非EU企業にも適用されるため、グローバルに開示圧力が強まることになる。

5　中央銀行の試行錯誤

NGFS——金融システムをグリーンに

2015年にパリ協定が結ばれたが、批准した米国のバラク・オバマ政権の後を襲ったトランプ政権は協定から距離を置き、その後、離脱する。パリ協定は大統領のフランソワ・オランドによるフランス外交の成果でもあったが、放置すると、その成果が台無しになりかねない。

振り返れば日本は京都議定書の締結で重要な役割を果たし、その時点では高い評価を得たが、その後の対応が後ろ向きで、環境保護や持続可能な社会の構築という分野においてはリーダーと見なされなくなった。

オランドの後に大統領に就任したエマニュエル・マクロンは、市場原理主義的な考えの持ち主で、オランドの社会主義的な政策を改廃していったが、パリ協定に関しては推進役の立場を維持し、世界のリーダーの一角にとどまることを志向した。

2017年12月に、フランスはパリ協定採択2周年を記念し、同協定のモメンタムを維持するためとして、国連、世界銀行と共催で、パリで気候変動サミット（**ワン・プラネット・サミット**）を開いた。

サミットでは、気候変動の重要性が再確認され、そのために公的な資金のグリーン化を図るとの考えで一致。さらに、長期的な気候変動対策を行うためには民間資金の動員が重要だなどとの指摘が出た。

このワン・プラネット・サミットに合わせて、フランス中央銀行を含む、8中央銀行・監督当局が、「気候変動リスクに係る金融当局ネットワーク（NGFS）」を設立した。翌2018年1月には、パリで第1回会合を開き、事務局をフランス中央銀行が務めることが決まった。

ワン・プラネット・サミット
2017年12月に、フランス、国連、世界銀行が共催したパリでの気候変動サミットを指す。パリ協定のモメンタム維持、資金のグリーン化の推進、低炭素経済へのグッドプラクティスの共有などを確認した。その際、低炭素経済への移行加速をめざす国際プラットフォーム「ワン・プラネット・サミット」が立ち上げられ、18年米国、19年ケニア、21年フランスでサミットが開かれている。

ＮＧＦＳは設立の目的について「パリ協定の目標を達成するために必要な世界的な対応を強化し、リスクを管理し、環境的に持続可能な開発のより広い文脈においてグリーン投資と低炭素投資のために資本を動員する金融システムの役割を強化する」と説明し、作業を5分野で進めていくことにした。

5分野は「マクロプルーデンシャル・監督」「マクロ金融」「グリーン・ファイナンスの拡大」「データギャップを埋める作業の流れ」「研究」である。

とりわけ影響が大きいと見られる「マクロプルーデンシャル・監督」に関しては、「気候関連リスクと環境リスクをマクロプルーデンス監督に統合するための監督慣行のマッピング（対応付け）を更新する」「グリーン資産とその他の資産との間に財務リスクの差異がどの程度存在するかを考慮する」「ミクロレベルで気候関連および環境金融リスクを測定するための既存の方法論のレビューと評価」を、トピックスとして取り上げることになった。

このネットワークを主導したのは欧州勢である。米トランプ政権がパリ協定から距離を置くなかで、アジアからグリーン化に熱心な中国とシンガポールを巻き込み、国際的な体制を整えた。

欧州と中国、シンガポール主導で動き出した組織は、急速に支持の輪を広げ、米国とインドを除く世界の主要中銀が加盟。日本の金融庁は２０１８年６月に、日銀は19

年11月に加盟している。さらに米国の政権交代を受けて、FRBも20年12月に加盟した。気候変動に対して中央銀行が活動するためのベースが築き上げられたと言える。

迫りくるグリーン・スワン

気候変動の影響がさまざまな角度から議論されるなかで、それがもたらす銀行経営へのリスクも注目され始める。金利の上下が銀行の収益に影響するように、気候変動も銀行の資産価格に影響を及ぼす恐れがあるのは事実だ。

気候変動に伴うリスクは、「物理的リスク」と「**移行リスク**」に分けて考えられている。

物理的リスクは、環境の悪化、水資源の過度の使用、生物多様性の喪失、森林破壊、環境事故の影響を受ける物的損害や生産性の低下、またはサプライチェーンの切断などだ。例えば洪水により、銀行に担保として差し入れられた資産が破壊されるようなリスクだ。

移行リスクは、低炭素で持続可能な経済に適応する過程で、企業（および銀行）が被る可能性のある潜在的な経済的損失を指す。例えば、新しいエネルギー効率規制が導入されれば、適応するために多額の費用を必要とする可能性があり、収益性と信用度に影響を与えかねない。

移行リスク
低炭素経済への移行に伴って起こり得るリスクを指す用語として使われる。関連規制の導入や投資家のセンチメントの変化に伴う資産価値の変化、グリーン化のための技術導入に伴う資産や企業価値の変化などで、自動車、航空機メーカーのほか、鉄鋼などエネルギー多消費型の企業などが直面している。

中央銀行の中央銀行の役割を担っている国際機関である国際決済銀行（ＢＩＳ）は２０２０年1月、「グリーン・スワン――気候変動の時代における中央銀行の役割と金融の安定」と題する論文を発表した。

金融界では、２００８年のリーマン・ショックのように、事前の予測は難しいが、起きたときには極めて影響が大きい事態を表す「**ブラック・スワン**」という言葉が使われてきたが、その気候変動版として「グリーン・スワン」という言葉を用いた。

論文のなかで著者のパトリック・ボルトンらは気候変動がもたらす影響について「市場や社会の環境が急激に変化し、価値が大きく損なわれる座礁資産が増える。それにより、投資家による投げ売りが発生し、結果的に金融危機が起こる。（中略）また、バランスシートが損なわれる銀行で、短期のリファイナンス（借入金の組み換えや借り換え）ができなくなり、貸出市場で緊張が高まる可能性もある。（中略）加えて、気候変動による災害の影響で銀行などの金融機関のオフィスやデータセンターの運営が滞ることや、それによるバリューチェーン全体への影響も懸念される」などと指摘している。

ブラック・スワンより確実でやっかい

また、「グリーン・スワン」について「ブラック・スワン」のコンセプトを借りて

ブラック・スワン　オプション・トレーダーのナシーム・ニコラス・タレブが著書『ブラック・スワン　不確実性とリスクの本性』（ダイヤモンド社）で展開した危機理論。めったに起きないため発生を予想できないが、発生した場合には壊滅的な影響を受ける事象をブラック・スワン・イベントと定義し、第1次世界大戦やソ連の崩壊などを例として挙げている。金融界ではブラックマンデーや同時テロの後の市場閉鎖など、通常の経済モデルでとらえきれない大規模な影響をもたらす事象を指す言葉として使わ

生まれた言葉だが、異なる点が3つあると指摘している。1つ目は、気候変動リスクが将来現実のものとなることに一定の確実性がある点。2つ目は、気候変動によっておこる大惨事は、これまでの金融危機よりもさらに深刻だという点。3つ目は、金融危機よりも一段と複雑な、環境、社会、経済を巻き込んだ連鎖反応を起こしかねないという点であり、危機の規模が極めて深刻になる恐れを警告している。

もちろん、中央銀行にとってグリーン・スワン対策は、簡単な話ではない。中央銀行はこれまで、過去やいま起きている経済現象を分析し、それにもとづいたリスク評価をしている。それに対して、気候変動リスクは過去を振り返っても正確なリスク評価ができるわけではない。将来を見据えたシナリオベースの分析を開発し、気候関連リスクへの理解を向上させ、破壊的な影響を回避していく必要がある。

具体的な対応策としては、温暖化ガスを排出する企業などの経済主体に**炭素税**を課す仕組みの導入などが挙げられている。中央銀行が実施する対策としては、適切なストレス・テストによる、気候変動によるリスクの監視、より良い気候変動リスク評価の手法の開発、などが提案されている。

BISの総支配人であるアグスティン・カルステンスは、「すでに気候変動対策は待ったなしの状況で、一刻も早く対策を取っていかなければならない」と述べている。

また、BISは2021年6月に、フランス中央銀行、NGFSと共催で「グリーれている。

炭素税
石油や石炭など化石燃料に、炭素含有量に応じてかける税金のこと。化石燃料や、その関連製品の価格を引き上げることで、需要を抑制し、結果的に排出量を抑えることを狙う。1990年にフィンランドが導入し、北欧諸国やスイスなどに広がっている。

ン・スワン2021」と題する会議を開いている。

このなかでNGFSの議長を務めるオランダ中央銀行理事のフランク・エルダーソンは、「ここから、行動が小さすぎたり、遅すぎたりするリスクは、中央銀行や監督当局がその使命を超えてしまうリスクより、はるかに大きい」と、従来の権限などにとらわれず積極的に行動するよう呼びかけている。

ECBが踏み出したグリーンQEへの道

中央銀行の気候変動への関心が高まるなか、自らの金融政策のなかで気候変動対策ができないかの模索が始まっている。先陣を切って動き出したのが欧州中央銀行（ECB）だ。

ECBは、欧州債務危機への対応策として市場から債券を購入してきた。いわゆる量的金融緩和政策（QE）である。この政策に関連して、2020年9月に、金利が欧州連合（EU）の環境目的に合致した持続可能性パフォーマンス目標に連動した債券を、適格担保として受け入れるとともに、資産購入プログラム、パンデミック緊急購入プログラムの購入対象にすることを決め、21年1月から運用を始めた。

現時点では対象となる債券（グリーン・ボンド）の量が不十分で購入額は限定的になるものの、市場が拡大すれば積極的な環境資産購入で気候変動対策に働きかける**グ**

グリーンQE
中央銀行が債券購入による量的金融緩和策を実施する際に購入対象を、使途を環境に配慮した事業に限ったグリーン・ボン

リーンQEの枠組みづくりが動き出す見通しだ。

金融政策に環境要因を織り込むことについては、賛否両論があった。2018年に、ウエスト・イングランド大のヤニス・ダフェーモス、グリニッチ大学のマリア・ニコライディ、ロンドン大学のジョールジョ・ガラニスが論文「気候変動、金融安定と金融政策」で、「グリーンQEは、気候変動によって金融システムがさらされているリスクを低減する。それは長期的な視点で、循環的なツールというよりは、産業政策的な政策だ。中央銀行の購入によってグリーン・ボンドの価格が上がれば、環境対策に取り組む企業の収益性改善や流動性向上に寄与する。ただQEそれだけで、気温上昇を抑制する力があるわけではなく、ほかの政策と連携して実施されるべきだ」と主張した。

それに対しドイツの中央銀行であるドイツ連邦銀行（ブンデスバンク）の総裁イェンス・バイトマンは2019年、講演で「我々の目的は物価の安定で、そのための手段は市場に中立的であるべきだ。量的緩和は景気対策で、金利が低いときだけ環境対策をやるという（グリーンQEの）理屈は理解できない。グリーン・ボンドに傾斜した資産購入は、**欧州連合条約127条**の原則に反する。環境を政策目標にする金融政策は、負担がかかりすぎるリスクがある。長期的には中央銀行の独立性も問われかねない。環境対策は民主的で正当性のある機関が、正しい道具で対応すべきものだ」と、

ドに偏向させる金融政策。環境破壊につながる事業に資金が振り向けられる債券の排除などを含むこともある。欧州などで気候変動対策として実施を求める声が強まっている。ただ、購入資産の気候変動に対する影響を把握する手法の確立が必要になるなど、課題も多く慎重論もある。

欧州連合条約127条
欧州中央銀行システムの目的を定めた、欧州連合条約の条項。主目的は物価安定と明記している。また自由競争を伴う公開市場経済の原則に従い、資源の効率的な配分を支持し、第119条に定められた原則（安定した価格、健全な財政と金融条件、そして持続可能な国際収支）に従って行動すると規定している。

慎重な意見を表明していた。

ＥＣＢは市場の中立性の原則を維持し、ある部門を意図的に優先することを禁じており、バイトマンの指摘は伝統的な中央銀行論に立脚すると正論だ。ただ、ＥＵが２０１９年12月に、50年に温室効果ガス排出ゼロを目指すグリーン・ディールを打ち出すなか、仏経済財政産業相、国際通貨基金（ＩＭＦ）専務理事などを歴任し、政治的な調整力には定評があるＥＣＢ総裁のクリスティーヌ・ラガルドが環境重視に一歩踏み出した。グリーンＱＥに向けては、中立性との整合性なども含めた制度設計の見直しが必要になる。

第6章 グリーン・バーゼル規制の足音

温暖化が想定以上のスピードで進んでいる。投資家などから銀行に対応を求める圧力は強まっているが、それだけでは効果は不透明だ。そのため銀行を温暖化防止に取り組ませるために規制を導入せざるを得ないとの声が強まっている。銀行に最低自己資本比率を求めたバーゼル規制の気候変動版であるグリーン・バーゼル規制が視野に入ってきた。

1 バーゼル委員会の動意

委員長の「行動を起こす必要がある」

国際決済銀行（BIS）などが2021年6月4日に開いた気候変動の影響を考える「グリーン・スワン会議」で、銀行監督者で構成する銀行監督委員会（バーゼル委員会）の委員長である、スペイン中央銀行総裁のパブロ・エルナンデス・デ・コスが、バーゼル委の立場を説明した。

まず、「気候変動に関する金融リスクの問題は、この先の最優先課題だ。気候変動が金融セクターに及ぼすリスクの大きさと、それがグローバルレベルの金融安定に影響することを考えると、監督・規制当局と、バーゼル委員会は行動を起こす必要がある。我々は、個々の銀行、銀行システムの全体が、ともに気候変動がもたらすリスクを特定し、その大きさを測定し、そのリスクを削減することで、十分に備えておかねばならない」と、警鐘を鳴らした。

ただ、金融監督当局にとって気候変動問題は未知の領域で、金融分野のような知見の積み上げがあるわけではない。そのため、パブロ・エルナンデス・デ・コス自身が「もちろん限界があることも認識しておかねばならない。気候変動の実際のリスクや(対策に伴って生じる)移行リスクを、分析するためのデータベースが十分ではない。また我々は大変長期的な視点が求められる構造変化への対応については、過去に経験していない。我々は銀行の気候変動リスクへのエクスポージャーに関する、より精度の高いデータを集めるところから始める必要がある」と指摘している。

すでに対応は始まっている。バーゼル委は気候変動の金融への影響を注視、気象関連の金融リスクに関するタスクフォースを設け、2つの報告書をまとめている。

一つは、「気候変動リスクがミクロ、マクロ経済のトランスミッション経路を通じて銀行や銀行システムに影響するか」を分析。もう一つは、「リスク測定に関する概念と、その銀行や銀行システムへの適用」を扱っている。2つの報告の結論は、これまでのバーゼル規制で用いられた伝統的なリスク・カテゴリーが、気候変動関連のリスクを捉えるためにも使えるとしている。

気候を変えるのではなく、気候変動から銀行を守る

それをベースにパブロ・エルナンデス・デ・コスは「報告書の結論が、バーゼル委が次の一歩を踏み出すにあたって、概念的基礎になる。気候関連の金融リスクをまったく新しいリスクと捉えるのではなく、既存の枠組みのなかで、取り得る対応を検討することになる」と明言している。

そのうえで、「規制に関しては、議論はグリーン・ローンやグリーン投資にインセンティブを与える『グリーン・サポート・ファクター』に集中しているが、そういうアプローチはとらない。焦点は、気候変動が起きたときの、資産クラスの**リスク特性**の変化だ。リスク特性が変わるのであれば、そうしたリスクを削減するための追加的な措置をとるかどうかを検討する」と述べ、規制の役割は気候を変えるのではなく、気候変動から銀行を守ることだとの立場を鮮明にしている。

具体的な手法に関しては、「我々はストレス・テストが、将来の厳しいシナリオに

リスク特性
もともとリスクをとる能力の評価を意味し、金融面では組織や投資勘定がさらされている脅威を指す言葉として用いられることが多い。具体的には資産と負債のバランス、価格変動リスクや信用リスクにかかわるリスクテークの程度などによるリスクの特質として示され、資産配分を決定する際のベースになる。

対する銀行の耐久力を評価する武器になることは認識している」と、当面ストレス・テストの活用が課題になることを示唆している。ただ、「気候変動に関するリスクの評価は、過去のデータだけに頼れない。だからこそストレス・テストは、過去の経験にもとづいたルックバック型のリスク・ウエイトの枠組みを補完できる。しかし、気候変動リスクの場合、サイクルが長く、比較可能なデータはない。いま（将来の金利変動を想定して）実施している精度の高いストレス・テストの有効性は誇張されるべきでないし、多角的なシナリオの検証が必要になる」と、対応の難しさも認めている。

現時点のバーゼル委の考え方は、あくまでも現行規制の枠組みのなかに、気候変動の影響も取り入れることで、銀行と金融システムの安定性を維持していこうとするものだ。そうしたアプローチをとる際に、ストレス・テストの手法が有効だとの立場である。

ストレス・テストは現在、例えば金利が1％上がったときに、銀行のポートフォリオがどういう影響を受けるかを試算し、そうした事態が起きても銀行経営が行き詰まらないように備えることを求めている。気候変動に関して実施するのなら、気温が1℃上がったときに銀行が受ける影響を想定し、経営に壊滅的な影響が出ないように備えておこうということになる。

とはいえ、こうしたバーゼル委の受動的に見える姿勢が容認されるかどうかはわからない。気候変動問題で金融が注目されているのは、企業の行動変容を促すうえで、お金の影響が大きいからだ。脱カーボン社会を目指すには、炭素にこだわればコストがかかり、脱カーボンを進めればその分、得になる仕組みをつくって、誘導しようというのが大きな流れである。

しかも、時間は限られ、早晩、目標対比で脱カーボンが必ずしも十分でないことがわかるだろう。そのときに、バーゼル委が気候を変えることが仕事ではないと言い続けられるか不透明、というより、それは無理だろう。

長期的な気候変動の影響が、定量的に正確には捉えられないというのは事実だ。しかし、長期的に影響が出るのなら、正確さには欠けても、それを規制していくしかない。気候変動対策にインセンティブを与えるような仕組みを規制に組み込むことが、求められる公算が大きい。

2 浮上する「グリーン・サポート・ファクター」導入論

ベイリーが漏らしたグリーン・エクスポージャー、非グリーン・エクスポージャー

バーゼル委による気候変動対応は始まったばかりに見えるが、銀行へのグリーン規制に向けて水面下の駆け引きは激しさを増している。英国の中央銀行であるイングラ

ンド銀行総裁のアンドリュー・ベイリーは、2021年6月1日に通信社ロイターのコンファレンス（「責任あるビジネス2021——持続可能性への移行の先導」）に出席し、「気候変動への取り組み——中央銀行の役割」をテーマに講演した。

そのなかで、まず「気候変動による金融リスクを積極的に管理し、早めに軽減する取り組みを行うことで、ミクロ、マクロの両面で回復力を構築する必要がある」と言及し、ミクロレベルでは、**健全性規制機構（PRA）**が、銀行などによる気候変動への戦略的アプローチの採用、金融リスクの効果的測定などを促し、安全性・健全性を高めることが重要との考えを示した。

さらに、気候変動に関連して規制にも言及し「**グリーン・エクスポージャー**にはより低い資本要件を課し、非グリーン・エクスポージャーまたは炭素集約型エクスポージャーにはより高い資本要件を課すことにより、踏み込んで変化を促すように私たちに求める人もいる」と明らかにしている。グリーン・バーゼルに向けた打診ともとれる動きがあることを漏らしたのだ。

そのうえで、こうした規制については、「健全な規制当局として、規制上の資本要件に気候変動を組み込む場合は、堅牢なデータにもとづいて、意図しない結果を回避したり、他の目的を損なったりすることなく、安全性と健全性をサポートするように設計する必要がある。私の見解では、そうした仕組みはまだ明確に確立されておらず、

健全性規制機構（PRA）
英国の中央銀行であるイングランド銀行に属し、銀行や保険会社、投資会社などの金融機関を監督する組織。ミクロ金融機関の監視による、金融システムの安定を担っている。規制全般を担っていた金融サービス機構（FSA）が、消費者保護を主眼とする金融行動監視機構（FCA）と、信用秩序維持を担うPRAに分割された。

グリーン・エクスポージャー
投資家のポートフォリオ

確立されない可能性もある。しかし、気候リスクの開示、シナリオ分析、リスク管理を改善するための私たちの取り組みは、そのような評価の扉を開くのに役立つ可能性がある」としている。

このベイリーが漏らしたグリーンか非グリーンかで資本負荷を変える案は、バーゼル規制へのグリーン版リスク・ウエイト構想と言える。1988年に発表された銀行の自己資本規制（バーゼルI）では、銀行の資産についてリスク・ウエイトを国向けは0%、地方自治体向けは10%、先進国銀行向けは20%、民間企業向けは100%としたうえで、リスク量を算出させていた。

この考え方を、気候変動に取り入れ、環境対応の程度によって、例えば十分な国・企業向けはゼロ、十分とはいえないまでも取り組んでいる国・企業向けは20%、取り組みが不十分な国・企業向けは80%、取り組んでいない国・企業向けは100%などの環境リスク・ウエイトを設けて、資本負荷を調整すればいい。

もちろん3つや4つのカテゴリーでリスクが正確に判定できるわけではない。バーゼルIのときにも同じ問題を抱えていたが、まずはじめの一歩として導入し、その後、評価の仕方が精緻になっていった。環境においても、当初評価として簡単な基準を導入し、その後、対応のレベルを高度化していくことは可能なはずだ。

最初から高度なものを求めると、導入に時間がかかるし、それが効果を上げるのは

や、銀行の保有資産のうち、グリーン・ボンドやグリーン・ローンなどグリーンに関連する資産を指す。特定リスクにさらされている資産を表すリスク・エクスポージャーという用語の、グリーン版。グリーンかどうかの線引きなど課題もあるが、今後の金融規制で、これに該当するかどうかで扱いに差をつける可能性がある。

さらに先になる。30年、50年と温暖化ガスの排出量を具体的に減らしていこうという状況のなかでは、簡易でもいいからまず導入を求める声が強まる可能性がある。

くすぶり続けるリスク・ウエイトでの調整

ベイリーが漏らしたグリーン・エクスポージャーの考え方の背景にあるのは、銀行資本規制への「グリーン・サポート・ファクター」を導入する構想である。

この構想は、銀行が環境に優しい投資に資金を提供することを奨励する一種の「グリーン・インセンティブ」である。銀行規制上は、環境に優しい（すなわちグリーンな）ローンや投資に適用されるリスク・ウエイトを下げ、それによってこれらの特定の資産にかかる銀行の自己資本要件を減らす。自己資本要件が緩和されると、銀行にとってこれらの融資のコストが削減され、環境に配慮したプロジェクトへの融資と投資が促進されることを期待する仕組みである。

２０１６年にフランス銀行連盟が、再生エネルギーなどへのエネルギー移行にかかる資金調達が大きな課題になるため、移行に必要な資金調達と投資に必要な資本を小さくすることを提案したのが起点となった。

この提案については、気候変動対策を進める観点から、欧州議会や欧州委員会（ＥＣ）で好意的に受け止める人が少なくなかった。ＥＣ副委員長だった元ラトビア首相のヴァルディス・ドンブロウスキスが2017年12月の講演で、「欧州の銀行は経済の資金調達で、主要な役割を果たしている。いわゆるグリーン・サポート・ファクターを導入し、銀行の資本負荷を修正してグリーン投資と貸付を促す欧州議会の提案を積極的に検討している。（具体的には）エネルギー効率の高い住宅ローンや電気自動車など、特定の気候に優しい投資の資本要件を下げたり、中小企業や高品質のインフラ・プロジェクトへの投資のための自己資本要件を調整したりすることなどだ。これらは私たちが行動計画で計画している野心的な対策の一部で、欧州でのグリーン技術開発への投資振興のためにも迅速に行動する必要がある」と指摘していた。

パリ協定を受けてEUの金融面の対応を検討していた「持続可能な金融のハイレベル専門家グループ」も、グリーン・サポート・ファクターの可能性に言及していた。

このグリーン・サポート・ファクターについて、当初から指摘されていたのは、グリーン投融資の明確な定義の欠如だった。これについては、その後、EUが気候変動対策を進めるなかで、EUタクソノミーをまとめ、定義を明確にする環境は整ってきている。

難しいのは、グリーン投融資が抱える実際のリスクとの関連だ。そもそも自己資本比率規制では、過去の類似資産のリスクにもとづいて異なる資産のリスクを見積もっている。しかし、気候変動の影響は将来的なもので、過去のデータにもとづくアプローチでは気候リスクは測れない。

リスクの経済的な側面を考えると、グリーン投融資は気候環境が厳しくなっていけば、対象企業のビジネスチャンスが広がり、投融資の利益は増えていく。しかし、その前提は新しい技術やそれを用いたビジネスモデルが機能することであり、実績が豊富な従来の投融資に比べて、潜在的なリスクは高い。

対になる「ブラウン・ペナルティ・ファクター」が課題に

政策効果との関連では、グリーン・サポート・ファクターと対で検討されている、「ブラウン・ペナルティ・ファクター」が課題になる。環境に有害な「ブラウン」投融資については、通常の投融資より高いリスク・ウエイトを適用しようというものだ。

例えば、グリーン投融資のリスク・ウエイトを80％とする一方、ブラウン投融資のそれを120％にして、グリーン促進と、グリーン阻害要因の抑制によって、政策効果を高めることを狙う。そして、おそらく温暖化防止の政策効果という点では、温暖化ガス排出企業などへの資金の流れにブレーキをかけるブラウンの方が高いと見られている。

しかし、EUタクソノミーは、グリーン活動の定義は示しているが、ブラウン活動に相当するものは示していない。仮に今後、ブラウンを定義する検討が始まるとして

ブラウン・ペナルティ・ファクター
銀行による温暖化を加速させかねないような投融資に対し、自己資本の負荷を引き上げることで、温暖化防止を目指す銀行規制上の政策手段。欧州委員会などで、グリーン・サポート・ファクターとあわせて検討されている。温暖化抑制効果は高いとされるが、既存の融資などに大きな影響を及ぼしかねないため、慎重な意見も根強い。

も、持続可能ではなく、有害でもない中間領域のどこでグリーン、ブラウンと線引きするのかは難しい問題として残る。

銀行規制論の観点からは、グリーン・サポート・ファクターの弊害も指摘されている。そもそも銀行の資本規制は、銀行が保有する資本の額が、その全体的なバランスシートが抱えるリスクの評価に完全にもとづく健全性規制で、それによって危機に備えようとするものだ。

グリーン・サポート・ファクターは、銀行の抱える実際のリスクのレベルを下げないで、銀行の自己資本要件を引き下げることになるため、危機時の潜在的な損失吸収能力を弱める恐れがある。

こうしたことから欧州には、中央銀行などにグリーン・サポート・ファクターは、金融安定を目指す健全性規制を政治的にゆがめかねないと慎重な意見が多い。

しかし、温暖化防止こそが最優先課題で、それが損なわれれば、金融安定の前提となる経済の安定が揺らぐとの指摘も根強い。結局、議論は規制で気候に働きかけるのか、気候変動から銀行を守るのか、どちらを優先するのかに行き着く。

そして、欧州はあらゆる手段を動員してネット・ゼロ社会を目指すべきだとの考えが優勢になっており、グリーン・サポート・ファクター導入に向けた政治的決断が求められる可能性が強まっている。

3　もう一つの規制指標――グリーン・アセット比率

グリーン資産での縛り――EBAが求めはじめた開示

グリーン・バーゼル規制を考えるに当たって、もう一つ注目される動きが欧州で始まっている。EUの銀行監督当局である欧州銀行監督機構（EBA）が、2021年3月1日に欧州委員会に提案した、「グリーン資産比率（GAR）」の導入である。

前述したEUタクソノミーをまとめたことで、何が環境の持続可能性に貢献するかどうかなどが明示された。新しいネット・ゼロを目指すベースができたことを意味する。そしてタクソノミー規制を受け、欧州委員会は2020年9月にEBAに対し、EUの銀行部門におけるこの規則適用について助言するよう求めた。その答えとしてEBAは、グリーン資産比率と呼ぶ指標を提案したのだ。

グリーン資産比率では、銀行はどの財務活動が、分類法規制、パリ気候協定および欧州グリーン・ディールの目的に沿った活動に関連しているかを示す必要がある。

具体的には、銀行が化石燃料使用のファイナンスをどれだけ抑止しているか、そして環境にやさしいエネルギーへの投資にどれだけ取り組んでいるかなどを示す指標として設計されている。

ＥＢＡは、グリーン資産比率には、中小企業向け融資、個人向け信用供与（住宅ローン、リフォームローン、自動車ローン）、地方自治体向け信用供与を含める必要があるとしている。

また、持続可能と考えられる活動との協力を通じて生み出す手数料と収入の額についての報告を求めている。銀行保証については、銀行が持続可能な活動に関連する信用エクスポージャーの保証額を報告することを提案している。

そのうえで、銀行の全体として、「グリーン」な経済活動に関連する取引の割合を示すことを求めている。グリーン資産比率は、２０２１年12月末のデータにもとづいて、早ければ22年にも報告書で表示が求められている。

先行きはグリーン版レバレッジ比率規制か

グリーン資産比率が採用されれば、各銀行は欧州連合（ＥＵ）が定義する「グリーンな」融資の残高と株式の保有高の合計額や、グリーン事業関連の手数料収入を開示することが義務付けられることになる。

このグリーン資産比率は、まさにグリーンな活動へのコミットメントの度合いを示すもので、その開示を求められているのだ。実現すれば、銀行ごとの対応の度合いが比較可能な形で示される。

比率の精度が上がってくれれば、この開示は、銀行のネット・ゼロ社会への取り組み度合い、すなわちお金の流れをどの程度ネット・ゼロ化などに振り向けているかを示すことになる。現時点ではこの規制は開示を求めるものにとどまっているが、将来的にはグリーン資産比率の下限が設定される可能性がある。

いまの規制との対比で考えてみると、健全性を求める資本規制であるバーゼルⅢには、自己資本比率で8％以上を求める規制のほかに、レバレッジ比率規制と呼ばれる規制がある。総資産に対する質の高い自己資本の比率（レバレッジ比率）が3％を上回るように求める規制である。このレバレッジ比率規制に応答するような形で、グリーン資産比率が最低水準を上回るよう求める制度設計が模索されることになるだろう。まだ、指標の精度の向上など技術的な課題は残っているものの、銀行活動の一定比率以上をグリーンに向けさせ、それによってネット・ゼロ社会を目指す新たな規制が視野に入りつつある。

グリーン資産比率の最低水準をめぐっては、将来、主要国間で綱引きが始まる。グリーン資産比率が総資産に対するグリーン資産の比率と規定されて、一定以上のグリーン資産比率の水準を求められる場合、資産規模が大きい金融機関に多くのグリーン資産保有が求められることになる。

いまの世界の大手銀行の状況を見ると、邦銀は資産の規模は大きく、相応のグリーン資産が求められる。しかし、グリーンと認定されるような融資は少なく、グリーン・ボンドも欧州や中国に比べて市場規模が小さく、グリーン資産の確保が相対的に難しい状況にある。将来の規制導入を見据えて、早めにポートフォリオのグリーン化対応に取り組む必要があるのかもしれない。

4　グリーン銀行規制導入で先陣を切った中国

国を挙げてグリーン・ファイナンス・システム構築

グリーン・バーゼル規制の可能性を考えるうえで、もう一つ見逃せないのが中国の動きである。中国は石炭火力発電依存が高く、北京などで激しい大気汚染が起きるなど、気候変動対応では遅れているとのイメージが付きまとう。しかし、厳しい状況だけに対応を進めようとする行政の取り組みは真剣で、国際舞台でも存在感を増している。

前述（序章）したように、2015年12月に中国・三亜で開いたG20財務相・中央銀行総裁会議で、中国が主導する形でグリーン・ファイナンス・スタディグループを設け、翌16年のG20杭州サミットの首脳宣言で「環境的に持続可能な成長を世界的に支えるためには，グリーン資金を拡大することが必要なことを認識している」とするなど、初めてG20首脳宣言にグリーン・ファイナンスへの対応を盛り込んだ。

このG20杭州サミットと相前後して、中国は国内向けの「グリーン・ファイナンス・システム構築のためのガイドライン」という文書を公表した。発表したのは、中国人民銀行、財務部、国家発展改革委員会、環境保護部、中国銀行業監督管理委員会（銀監会）、中国証券監督管理委員会（証監会）、中国保険監督管理委員会（保監会）の7機関で、国を挙げてグリーン・ファイナンスを進める姿勢を明確にしたのだ。

内容はグリーン融資、グリーン・ボンド、**PPP（官民パートナーシップ）**、**グリーン保険**、企業の環境権、国際協調の各分野で取り組むべき施策を挙げている。

グリーン融資については「グリーン融資促進のためのグリーン融資統計・監督システムの整備」「中国人民銀行によるグリーン再融資制度の整備」「グリーン融資利払いに政府が補助金を出す制度の整備」「グリーン融資状況を中国人民銀行のマクロプルーデンス政策に反映」「各銀行融資での自主的環境基準の整備推進」「政府による各銀行のグリーン・ファイナンス実施評価の開始（大手銀行から着手）」「銀行の環境責任を追及する法整備」「グリーン融資を担保とした債務担保証券の促進」「銀行の社会・環境観点でのストレス・テスト実施を支援」「企業の信用情報データベースに環境情報を追加」などを挙げている。

PPP
パブリック・プライベート・パートナーシップのことで、大規模インフラ事業を進める際の官民連携の枠組み。1980年代以降、公的債務が膨らんだ政府がサービス維持を目的に民間資本を積極的に取り入れた。事業は官民出資の特別目的事業体が進めるが、日本では責任体制があいまいでうまくいかなかった例も多い。

グリーン保険
環境保護に貢献する保険

中国人民銀行のグリーン・クレジット・パフォーマンス評価――定量と定性の両面でチェック

これを受けて中国人民銀行は、グリーン・ファイナンスを促すために「銀行預託金融機関のグリーン・クレジット・パフォーマンス評価計画」を策定している。

それまでは、中国銀行業監督管理委員会が2014年に出した「グリーン・クレジットの実施に関する主要な評価指標に関する通知」で、銀行は年に1回、独自のグリーン・クレジットの実施について自己評価する必要があった。中国人民銀行（PBOC）の新しい計画は、これに外部の目を入れて、銀行業界がグリーン・クレジットへの取り組みを強化することを狙っている。

ここで注目されるのは、評価の中身である。組織管理、システム構築、プロセス管理、内部統制管理、情報開示など定性的評価と、グリーン・ローン残高の割合、グリーン・ローン増分の割合、グリーン・ローン残高の前年比増加率、およびグリーン・ローン不良率など定量的評価がある。全体の評価はおおむね定量的評価が8割、定性的評価が2割の比率で算出される。

こうした中央銀行によるグリーン評価は、銀行のマクロ健全性評価のなかに組み込まれ、銀行は否応なくグリーン・ファイナンスに取り組まざるを得なくなった。クレジット資産をグリーン産業に傾倒させるのに役立ち、グリーン・ファイナンスをサポ

の総称。電気自動車など温暖化ガスを排出しない自動車、米グリーンビルディング評議会の環境基準を満たした住宅など、環境配慮物件への保険料の割引や、保険資産でのグリーン・ボンド投資、保険料の一部を環境団体に寄付する行為などを指す。

ートする一方、高汚染、高エネルギー消費、過剰生産能力産業の抑制が目指されることになったのだ。

この中国の強制力を伴うグリーン・ファイナンス政策は、金融機関に再生可能エネルギー事業、水処理プラント、リサイクル施設、大量輸送機関など、幅広い資産への投資を促した。

中国の銀行の信用供与に占めるグリーン・ローンの比率は2013年の8・8%から、19年には10・4%に高まっている。グリーン・ローン残高は19年末で10・6兆人民元（1・5兆ドル）にものぼり、その内訳を見るとグリーン輸送が45%、グリーン・エネルギーが24%となっている。

また、中国の中央財経大学の**国際グリーン・ファイナンス研究所（IIGF）**は大手銀行21行について、グリーン・ファイナンスに関する取り組みを評価している。**中国銀行保険監督管理委員会（CBIRC）**のグリーン・クレジットのデータをもとにした定量評価と、中央銀行であるPBOCが実施している定性評価（手法は非公表）にもとづいて、2017年の時点での取り組みスコアをまとめた。

それによると主要21行のうちトップは産業銀行で、中国工商銀行、中国建設銀行、中国銀行、中国農業銀行、中国招商銀行の順となっている。グリーン対応が可視化され、競わされる状況が現出している。

国際グリーン・ファイナンス研究所（IIGF） 中央財経大学緑色金融国際研究院。中国の中央財経大学（北京市）に2016年に設けられた、グリーン・ファイナンスに関する研究所。中国のグリーン・ファイナンス推進に向けた研究のほか、政府に対する提言や、国際機関や研究組織との連

タクソノミーも整備――グリーン規制で先行へ

さらに、中国は次を見据えたステップを踏み出している。グリーン化などを精緻に進めようとすると、資産の分類・評価が欠かせない。これは対応の規制化の前提になるもので、欧州ではＥＵタクソノミーとしてまとめられている。

実は中国でも中国国際経済技術交流中心（ＣＩＣＥＴＥ）とＵＮＥＰが共同で、「ＳＤＧファイナンス・タクソノミーについての技術的リポート」をまとめている。中国のタクソノミーは気候変動の緩和、環境保護を超えて持続可能な開発にまで踏み込んでおり、脆弱なグループを支援することに焦点を当てている。ＥＵタクソノミーがネット・ゼロを目指すＥＵグリーン・ディールを達成するための分類法だったのに対し、中国は国連のＳＤＧｓの観点から投資と資金調達の測定、管理を目指している。

また、中国人民銀行と、中国証券監督管理委員会（ＣＳＲＣ）、国家発展改革委員会（ＮＤＲＣ）は２０２１年５月に、中国のグリーン市場に関する最新の「グリーン・ボンド承認プロジェクトカタログ」の協議草案を発表した。

それによると、グリーン・ボンドは、特に環境に優しいセクター、プロジェクト、

携などにも取り組んでいる。

中国銀行保険監督管理委員会（ＣＢＩＲＣ）　中国の銀行と保険の監督機関。２０１８年に、銀行を監督する中国銀行監督管理委員会（銀監会、ＣＢＲＣ）と、保険を監督する中国保険監督管理委員会（保監会、ＣＩＲＣ）が合併して、発足した。

または経済活動のための資金調達を目的とする債券で、政府、企業、金融機関が製品の開発と製造、技術の改善、設備のアップグレード、省エネと排出削減、汚染の防止と修復、生態系の保全などの分野での取引活動のために資金を調達するのに役立つとしている。

グリーン・ボンドに関してはNDRCが、グリーン金融債とグリーン企業債を定義してきたが、そのなかに石炭火力発電所の排出削減と省エネ修理支援なども含めていた。しかし国際的に脱炭素を目指すなかで事実上、石炭火力の長期存続を前提とするグリーン・ボンドはあり得ないなどとの批判がくすぶっていたため、新しい基準を提示したと見られている。

中国は欧米とは人権に対する考え方、国の統治に関する考え方などが異なるものの、パリ協定を受けた金融面での環境対応では、最も進んでいるとされるEUのタクソノミー制定、グリーン・ボンド規制と、ほぼ同じペースで進めている。

グリーン規制に向けては2021年6月8日にPBOCが、同年7月からのグリーン・ファイナンス評価作業を伴う「銀行セクター金融機関グリーン・ファイナンス評価計画」（银行业金融机构绿色金融评价方案）を明らかにした。

計画は、銀行が実施するグリーン・ファイナンスの評価のための定性的指標と定量的指標の概要を示している。定性的指標は20％、定量的指標は80％の重み付けにしている。

定性指標は「州と地方のグリーン・ファイナンス政策の実施」（定性評価の30％）、「グリーン・ファイナンス・システムの制度策定と実施」（同40％）、「グリーン・セクター開発のための財政支援」（同30％）となっている。

定量指標については「グリーン・ファイナンス事業の総シェア」「グリーン・ファイナンスの各業務の平均シェア」「グリーン・ファイナンス事業の前年比成長率」「グリーン・ファイナンスのリスクシェア」の4項目にそれぞれ25％の重みを与えている。

そのなかで例えば「グリーン・ファイナンス事業の総シェア」については、「過去3四半期のグリーン・ファイナンス業務の平均シェア」（定量評価の10％）、「今四半期のグリーン・ファイナンス業務の平均シェア」（同15％）で構成している。

中国人民銀行は、グリーン・ファイナンス評価の結果を、中国の金融機関の格付けを含む、規制ツールに含む予定だ。中国では2016年に始まったグリーン・ファイナンスへの取り組みは年々精緻化し、事実上、グリーン銀行規制が始動しているのだ。

5　グローバル規制導入のカウント・ダウン

バーゼル規制のデジャ・ビュ――求められるレベル・プレーイング・フィールド

環境などに対応した国際的な銀行規制が導入されるのかどうか。参考になるのは、1988年に合意し、92年末から導入された自己資本比率規制――バーゼル規制――である。

バーゼル規制というのは、日本ではBIS規制とも呼ばれた、銀行に対する資本規制である。もともと銀行規制は、各国が独自に必要に応じて導入すべきものと捉えられていた。

規制が検討され始めた1980年代には、銀行の破綻への備えが議論されていた。変動相場制に移行して以来、欧米では為替取引の失敗などで銀行破綻が出始めていた。また70年代後半からは欧米銀行が途上国向け変動金利融資を積極化したが、米国の高金利政策で途上国の返済が困難になり、経営危機に陥る銀行が相次いだ。米国内でも、固定金利貸し出しをしていた貯蓄金融機関（S&L）が調達金利の急上昇で大幅な逆ザヤに陥り、破綻が相次ぐ危機も起きている。

金融安定のための方策を検討していた欧米は、結局、バーゼル委員会で国際的な資本規制を導入することで合意している。金融取引が国際化するなか、一つの銀行の危機が、ほかの国や地域に波及する恐れが強まっているため、国際的な対応が求められたからだ。

また国ごとの対応では、国際舞台で活動する銀行の競争条件に差が出るため、**レベル・プレーイング・フィールド（平等な競争条件）**を確保することが優先された。

その結果、銀行経営のバッファーとなる資本を強化するため、国際的な自己資本比率の最低基準8％が導入された。当時、銀行国有化を進めていたフランスの銀行と、護送船団方式と呼ばれる大蔵省主導の銀行保護策に守られていた日本の銀行は、自己資本ではなく、国の暗黙のコミットメントで信用が保たれていたため、自己資本比率規制の達成に向けて資本基盤の強化を迫られたいきさつがある。

レベル・プレーイング・フィールド
公平な競争の場を意味し、日本語の「同じ土俵」の類似語である。国際交渉などで、それぞれの国の企業・銀行などが、公平な競争条件を保つことを意味する用語として使われる。

30年代にもグリーン版バーゼル規制——一段の温暖化が後押しへ

このバーゼル規制の導入につながった1980年代と、環境金融規制をめぐる昨今の状況は、似ている面がある。世界的に銀行は利益優先で、石炭火力など温暖化に逆行する企業にも積極的に融資してきた。80年代のような銀行危機は起きていないが、環境破壊企業向け融資は2つの経路で銀行に影響すると見られている。

一つは、環境規制の強化で、環境破壊企業の経営が悪化し、そうした企業向け融資が焦げ付くことだ。もう一つは、環境破壊企業が、環境悪化に拍車をかけ、温暖化が進み、豪雨や山火事といった環境災害で、国の経済や財政に負担がかかり、結果的に銀行経営にも響くリスクだ。

１９８０年代にはリスクは短期的で目に見えやすかったが、現在銀行が直面するリスクは長期的で、見えにくい。しかし、状況を放置すると、長期的と見ているリスクが顕在化することになる。そのため欧米では、規制が不可欠との認識が強まっている。

しかも、バーゼル規制のときと同様に、今回も、国際的な対応が欠かせない。環境悪化とともに、融資ポートフォリオが急速に劣化するような銀行が出てくれば、将来、国際金融システム不安の発火点になりかねない。

何より、一部の銀行が環境破壊企業向けに融資を続けたのでは、パリ協定の実現がおぼつかなくなる。対応策が国によりばらばらでは公平な競争環境が保てないため、国際的な対応が必要になるというのが共通認識だ。

一律規制の導入に対しては、環境対応が遅れている銀行を抱える国が抵抗する可能性がある。しかし、パリ協定という縛りがある以上、規制を拒否するのは難しい。規制要件の最低水準を極力低めるように求める国があるかもしれないが、２０３０年に向けて中間目標の達成が難しいことが明らかになってきたり、温暖化に由来する災害の規模が大きくなってきたりすれば、相応の水準の金融規制が必要になるだろう。

環境対応については依然として、実施したふりをするだけだったり、実体悪を隠すために見た目よさそうな対応をしたりするグリーン・ウオッシングが後を絶たない。まじめに取り組む企業が馬鹿を見ないで済むためにも、規制が欠かせなくなるだろう。

バーゼル規制の際は、途上国債務危機が起きた1982年ころから、議論が出始め、86年に米英が水面下で合意し、88年に導入で合意、92年導入というスケジュールだった。おそらく今回も2020年代央に、欧米に中国を加えて合意が得られれば、20年代後半には規制ができあがり、30年代には新規制が動き出す。グリーン版バーゼル規制の時代が視野に入りつつある。

第7章 銀行版「文化大革命」

サステナブル・ファイナンスの潮流のなかで、銀行は大変革を迫られる。株主を意識して、四半期決算ごとの短期的な利益を最優先する経営から、従業員や地域など幅広いステークホルダーを意識して、中長期的な持続可能性を優先する経営への転換が求められる。それは融資だけでなく、トップの報酬や、人事労務制度、地域貢献なども含めた、銀行版の「文化大革命」に他ならない。

1 コロナ禍の銀行の復権

再認識された社会インフラ

銀行には、2つの顔がある。一つは利益を追求する企業の顔、もう一つは、決済と中小企業向け融資という社会的責任を負った機関としての顔である。通常は、前者の利益を求める企業としての顔が前面に出て、国の有力企業として活躍している。

銀行は、2008年に起きたリーマン・ショックを受けて資本規制が強化されたのに加え、低金利で利ザヤに縮小圧力がかかっていたため、収益性が低下していた。インターネットやモバイル・デバイスを利用した金融サービスで、非金融業からの新規参入が相次ぎ、預貸と決済を中心とする伝統的な銀行業は斜陽産業のように見られていた。

しかし、2020年におきたコロナウイルスの世界的感染拡大は、銀行が不可欠の社会インフラであることを再認識させた。中小企業や家計は、いざというときには銀行に頼るしかない。

決済という社会的責任を担うと豪語し、モバイル・デバイスなどを使ったキャッシュレス決済の拡大に血道をあげていた非銀行勢力は、利用者からの融資需要にはほとんど応えることができなかったし、コストをかけてそんなことをする気はなかった。

米国で対策の柱となった米連邦準備理事会（FRB）のメインストリート融資プログラムでも、銀行は仲介役に位置付けられた。FRBのレイ・リ、ボストン大学のフィリップ・ストラハン、ソング・ザンは「最初の貸し手としての銀行」と題する論文で、2020年3月11日から4月1日の間の商工業ローンの拡大で、米銀のバランスシートが4820億ドル増加し、その増加率は平年の50倍にも達したと指摘した。

そのうえで「米銀への流動性需要は前例のない水準に達した。企業は都市封鎖に備えて、融資やコミットメントラインの形でキャッシュを確保しようとし、銀行はその需要に応えた。銀行がリーマン・ショック時より健全性を増していたのに加え、預金者とFRBから潤沢な資金を確保できたことが大きい」と分析している。

伊ボッコーニ大学のエレナ・カレッティ、国際決済銀行のスティジャン・クレセンス、仏INSEADのアントニオ・ファタス、スペインのIESEビジネススクールのザビエル・ビベスは、英経済政策研究センター（CEPR）の『コロナ後の銀行ビジネスモデル』と題する論文集のなかで、「コロナ危機で銀行は実体経済への資金の貸し手として、金融仲介の中心に戻った」と評価した。

ただ、「中期的には信用リスクが拡大し、資本が棄損していく恐れがある。また、デジタル化と在宅勤務が銀行の役割を増す可能性はあるものの、サーバーリスクも含む、巨大なオペレーショナル・リスクを抱え込むことにもなる。銀行セクターはデジタル化と、IT投資をにらみ、再編の波に直面することになるだろう」とし、社会的責任を踏まえたうえで銀行のビジネスモデルの見直しが不可欠だと指摘した。

社会的責任を果たすために止められた配当と自社株買い

コロナ禍で銀行の社会的責任を果たすことの重みが印象付けられるなかで、利益の社外流出に厳しい目が向けられた。

欧州中央銀行（ECB）は2020年3月末に「コロナ危機下で銀行が家計や中小企業への資金供給の役割を果たし続けるため、十分な資本が必要だ。実体経済を支える役割が、配当や自社株買いなどより優先されるべきだ」として、銀行に配当などの一時停止を求め、多くの欧州銀が配当を見送った。この措置は、その後、ほぼ1年間続いた。

国際通貨基金（IMF）のラシード・アワド、カイオ・フェレイラ、アルドナ・ジョシエン、リューク・リドウェッグは、リポート「コロナウイルス・パンデミック下の銀行資本配分の制限」のなかで、2020年7月7日時点でEU（欧州連合）、英国、米国、スイスなど日本を除く主な先進主要国が配当制限などの措置をとり、ブラジルや南アフリカではボーナス制限にまで踏み込んでいることを明らかにした。

そのうえで、「銀行監督当局はパンデミックの影響が明らかになるまで、配当、自社株買い、変動賞与の制限によって、銀行の資本リソースを維持させることが推奨される」と強調していた。

配当や自社株買いの制限は、あくまでも危機対応の一時的な措置である。それは、銀行が中小企業融資と決済を担っており、その機能を維持しないと経済が持たないという判断にもとづいている。

またコロナ禍で銀行があげている利益は、有価証券売買などで確保された分もあり、それは政府・中央銀行の大規模なコロナ対策がもたらした株高、債券高に支えられたもので、銀行が自分勝手に分け前をむさぼるべきではないとの考えも背景にあった。

さらに、これまでの危機で各国が公的資金で銀行救済したいきさつもあるだけに、相応の社会的責任を求める意味合いもあった。そうした要因が重なり合って、銀行がコロナ禍で果たすべき社会的責任は、配当や自社株買いなど利益を求める銀行文化のなかで培われてきた慣習以上に重要であることが示されたと言える。

目先の危機対応は、短期的にはコロナ禍が過ぎれば一段落するが、欧州では中長期的にはネット・ゼロへの対応が事実上の危機対応と認識されている。その中長期的な危機への対応のなかに、金融もかなりの重みをもって位置付けられようとしている。銀行はコロナ禍並みの重い社会的責任を求められることになりそうだ。

2　問われる銀行の常識——決済の落とし穴

キャッシュレスよりキャッシュアクセス

より重い社会的責任を負う銀行は、これまで行内や業界内などで常識と見られていることを、改めて見直さねばならない。

コロナウイルスの感染拡大が続く2021年5月、経済再生担当相の西村康稔は、紙幣に付着したウイルスは約1週間生きているとして、「できるだけキャッシュレスでやってもらうのがいい」と呼びかけた。

しかし、『MITテクノロジーレビュー』誌の准編集者マイク・オルカットは2020年に記事のなかで、「感染症ウイルスは紙の上で最長3日程度残存するが、無生物表面から人への感染能力はわかっていない。咳などでばらまかれるウイルス粒子を吸い込むのとはわけが違う。コロナウイルスの感染に関して、現金をやめることで違いが出ることはほとんどない」と指摘していた。欧米の中央銀行では紙幣、コインが感染源になっているとの見方は共有されていない。

フィンテックの発展に伴うキャッシュレスには、人口密度が低い北欧などの国で、国や中央銀行によるキャッシュ管理のコストを引き下げる利点はある。新興国では、携帯端末を使ったキャッシュレス決済が、銀行口座を持てなかった貧しい人々に決済手段を提供できたのも事実だ。だから、日本もキャッシュレスをという声が銀行関係者や担当官庁にあるのだが、そう単純なものではない。

インクルーシブな観点からは、キャッシュは極めて優れている。中央銀行が責任をもって供給し、どこでも通用することが法律で担保されている。しかも、利用者にとって、キャッシュを使うことに伴う手数料は発生しない。最も安価で便利な決済手段であり、だからこそ、世界的にキャッシュをベースとする金融経済体制が長年続いてきた。

キャッシュレスは無コストの決済を、有コストにすることで、決済サービス会社に利益を落とす仕組みだ。そうした会社の求めに応じ、政府が進めようとしているQRコード決済サービスなどは、利用者には便利に見える。しかし、利用される商店から2・5〜3%にもなる過酷な手数料を取るケースもあり、商店の経営が圧迫されている。

欧州の消費者グループの集まりである欧州消費者機構（BEUC）は、2019年9月に「キャッシュvsキャッシュレス——消費者はキャッシュを使う権利が必要」という報告を発表している。

イノベーティブな決済手段が選択肢になっても、キャッシュは決済手段として確保されるべきだとして、欧州連合（EU）に「商店がキャッシュを受け付けることを義務付ける」「消費者は手数料なしでキャッシュアクセスでき、ATM手数料の禁止国はその制度を維持する」「ATMの利用可能な環境と適正な配置」——などを求めている。

デジタル化のダークサイド——決済デバイドを防ぐ

キャッシュレスが注目されるのは、政府が進めようとしている経済のデジタル化の一環と見られているからだ。日本ではデジタル庁が発足するなどようやく取り組みが本格化するが、一足先にデジタル化を進めてきた国ではその弊害が注目されている。

スイスの非営利財団である世界経済フォーラムは、2020年9月に「デジタル革命のダークサイド――どう解決するのか」と題するリポートを発表した。

筆者である英オックスフォード大学教授のイアン・ゴールディンらは「デジタル革命は持続可能でも、公平でもない。新型コロナウイルスの感染拡大によって、デジタル化への移行が加速している一方で、デジタル・デバイド（格差）はより顕著なものとなっている。デジタル経済はパンデミック（世界的感染拡大）からの回復を加速させることができるが、政府がいま取り組むべきなのは、デジタル経済をすべての人に恩恵をもたらす包括的なものにすることだ」と訴えた。

金融のコンテクストでは、国際決済銀行（BIS）のラファエル・アウアー、ジュリオ・コルネッリ、ジョン・フロストが論文「コロナ、現金、そして支払いの未来」で、「キャッシュが受け入れられなくなったら、デジタル決済へのアクセスの有無によって**決済デバイド（格差）**が生じる。銀行口座を持たない人や高齢者にとりわけ厳しいインパクトを与える」と警告している。

決済デバイド
デジタル決済が進展した際に、支払い手段へのアクセスによって生じる格差のこと。銀行口座を持てない人や、デジタル対応ができない高齢者への悪影響が懸念されている。欧州などでは銀行などに対し、高齢者などのためにデジタル化しないアクセスポイントを残させる圧力が強まっている。

デバイドでとりわけ重視されているのが高齢者である。

エージ・フレンドリー・バンキング

欧米には**エージ・フレンドリー・バンキング**という考え方がある。人々が年をとってもアクセス可能で使いやすい銀行サービス、商品、施設を提供し、介護者を支援し、金銭的搾取を防ぐことを目的にする「年齢にやさしい銀行」である。高齢者のニーズに対応する英国の伝統ある慈善団体であるエージUKが、銀行サービスの在り方についての研究のなかなどで提言してきた。

高齢者は銀行業界にとって重要な顧客であり、銀行はその課題に向き合うことが大切だ。視覚や聴覚の変化、認知機能の低下、デジタル対応の難しさなどの問題を抱えたときに、銀行の基準に合わなくなったからといって切り捨てていいわけではない。先進国が高齢化を迎えるなかで、エージ・フレンドリー・バンキングは最重要課題の一つになりつつある。

この取り組みは、とりわけ平均寿命が高い国・地域で喫緊の課題になっている。世界で最も平均寿命が高い地域の一つである香港では、大手金融機関のHSBCがエージ・フレンドリー・バンキングに取り組んでいる。

具体的なサービスの一つに、独立した基本的な銀行口座（BBAI）がある。これは個人が認知症などになっていない段階で、あらかじめ第三者（弁護士、保護者、ま

エージ・フレンドリー・バンキング
高齢者のニーズに対応する、高齢者に優しい銀行業務。銀行口座の維持、安全の確保、緊急事態への備えなどによって、高齢者の経済安全性の向上を目指す。英エージUK、米NCRC（全米コミュニティ再投資連合）、米高齢者団体AARPなどが推進を訴え、英米のリテール銀行が取り組みを強化している。

たは高等裁判所が任命した委員会のメンバー）を選んでおき、認知症に陥った後も、第三者の監視のもと食品の買い物や請求書の支払いなどの日常業務を行うための特別の口座である。第三者は、適切なレベルの資金が維持されるようにする責任を負う。認知症になってからも経済的自立を促せることにポイントがある。

このほか、成年後見制度など将来のための財政確保の計画、オンラインやモバイルバンキングへの取り組みなどを支援する。また、日本のオレオレ詐欺で見られるように、高齢者は詐欺の標的になりやすいため、さまざまな種類の詐欺、銀行からの電話やメッセージが本物かどうかを見分ける方法、疑わしい行動を報告する方法などを指南している。

高齢者は金融商品のカモ？——業者行政のゆがみ重く

平均寿命では香港とトップ争いをしてきた日本でも、金融面での高齢化対応は大きな課題になっている。

日本でも金融制度などを審議する金融審議会の市場ワーキング・グループが2018年に、「高齢化社会における金融サービスの在り方」の検討を始めた。託されたのは、おそらくエージ・フレンドリー・バンキングのような金融の在り方である。

しかし2019年6月にまとまった報告書は「高齢化社会における資産形成・管理」

だった。報告書は高齢夫婦無職世帯で、毎月の赤字額は月5万円で、30年で約2000万円の取り崩しが必要になるとしている。公的年金だけでは足りないため、少額投資非課税制度（NISA）を使った投資を勧めていた。

高齢者の危機をあおり、世界的に見て手数料が高いとされる投資信託などリスク商品投資へと誘導するグロテスクな内容だった。

議論で大きな役割を果たしたのは、銀行系のシンクタンクだった。近年、銀行持株会社のトップが、シンクタンクは「銀信証（銀行・信託・証券）に次ぐ収益の柱」と公言するなど、中立だと思っていたシンクタンクが変容し、審議会にメンバーを送り込み、業者が投信を売りやすい報告書がまとまっていった。

高齢者を、特別に配慮が必要な利用者としてではなく、金融商品を売りつける対象としてしかとらえない銀行グループの姿勢は、インクルーシブな金融とは真逆である。また、そうした議論を平然と受け入れていた御用学者が跋扈《ばっこ》するワーキング・グループの在り方は、サステナブルな新しい金融の世界とは相いれない。

報告書は政治的に大きな問題となった。結果的に、担当大臣の麻生太郎が内容に問題があると受け取りを拒否したことが唯一の救いだった。

焦点の支店政策

銀行が高齢化社会に果たすべき社会的責任を考えるとき、焦点になるのが支店政策だ。

支店は銀行における決済の拠点であり、その社会的責任を果たすため不可欠なインフラだ。だからこそ、かつて大蔵省は半永久的な責任ある支店開設を求め、厳しい開設認可をしていた。

それに対し、銀行は当局には「責任をもって開設するのは当然だ」と主張して、自由な開設を勝ち取った。また、銀行は顧客に対しては、支店を通じて、「一生を通じたお付き合いですから」と預金口座をつくらせた。

ところが、フィンテックの時代になり、支店を減らす銀行が出始めた。インターネットやモバイルで、送金や振り込みなどこれまで支店が担ってきた一部の機能が実施できるようになったのは事実だ。

しかし、ネットバンキングには、ハッキングなどのリスクが存在する。慣れない高齢者にとっては誤操作のリスクが伴う。認知症でなくても、たまにしか使わない人が、暗証番号を忘れることは珍しいことではない。

そのため、欧米では支店削減への警告が発せられている。FRBは2019年11月に、「地方コミュニティの銀行支店アクセスと題するリポート」で、オンライン決済などキャッシュレスの進展に伴う銀行支店の減少が、高齢者などに犠牲を強いている状況の改善を強く求めた。

日本では、支店維持のコストが高いため、コスト削減の観点から、支店削減を検討する銀行が多い。合併銀行などで、駅の北口と南口の両方にあった支店を統合するのは理にかなった動きだ。

ただ、フィンテックの時代だからと、一気に3割も4割も支店を減らして、社会的責任を果たせるのか。あらゆる機能をそろえる従来型のフルバンク支店を減らし、収益性の高いコンサルティングオフィスに変えていけば、高い利益は狙えるかもしれないが、その裏でデジタル化についていけない高齢者は締め出されかねない。

支店を小型化する際には、デジタル対応できない人向けの窓口は残すといった工夫が必要になるのだろう。銀行がデジタル化などを口実にした大規模な支店廃止などで弱者切り捨てを進めようとしているのなら、政治問題化する可能性もある。

3　新しい経営基準の模索

最低基準としての規制と、プラスアルファとしての投資家からの圧力

新しい時代に、銀行はどういう舵取りをすればいいのか。取り組みはおそらく2段

階になる。

まず、最低ラインとしては、グリーン・バーゼル規制など、規制が課されることになる。温暖化の悪影響の拡大を食い止める目的で、石炭火力発電向けの融資などは、禁止措置が盛り込まれる可能性もある。

それはマネーロンダリング・テロ資金根絶対策などと同様の扱いになる。破滅的な温暖化を防ぐのは義務であり、それを破れば制裁を科されることになる。そこでは、銀行に自主的な裁量の余地はない。

国際的な規制合意ができるまで、日本が新しい技術で温暖化ガスの排出量を抑えられるタイプの石炭火力発電向けは例外にすることを求めるのは勝手だ。ただ、そうした主張が通らなかったときは、従わざるを得なくなる。いまの国際世論を考えると例外は簡単には認められない公算が大きい。例外を期待して取り組みが遅れれば、後になって困ることになるだろう。

さらにサステナブルを求める社会では、規制に「プラスα」の取り組み圧力がかかる。例えば第5章で紹介したように、ノルウェー中央銀行でノルウェー政府年金基金の運営責任を負うノルジュ・バンク・インベストメント・マネジメント（NBIM）が投資除外リストをつくり、投資家が投資マネーをグリーン化する姿勢を鮮明にしている（表20）。

グリーン・バーゼル規制が整い、仮にそれをクリアすれば、そこから先の投融資は合法的ではある。これまでのバーゼル規制対応では、銀行はそれをクリアしさえすれば、後は収益を求めて思う存分競争に没頭できた。

しかし、新しい世界ではさまざまな価値観を持った大手の投資家がおり、グリーン・バーゼル規制対応だけで十分とは判断されない。グリーン・ファイナンスやサステナブル・ファイナンスのそれぞれの投資基準にもとづく、投資の選別が加速するだろう。とりわけ人権やインクルーシブな考えに関わるものについては、グリーン・バーゼルではノーチェックだが、投資家からの要求基準はかなり高い。

もちろん、それらにバーゼル規制のような強制力があるわけではないので、銀行が無視するのは勝手だ。しかし、サステナブルなどの投資基準を導入する投資家は巨額のマネーを動かしており、それを無視し続ければ、株式の買い手が細り、株価下落の圧力がかかることになる。

銀行は規制だけでなく、サステナブルが共有の価値観になりつつある資本市場をにらみながらの、2段階の圧力を前提にした経営が必須になるのだ。

問われる上意下達文化

銀行行動を変えていくに当たっても、従来とは異なるアプローチが必要になる。

従来のバーゼル規制対応では、規制自体、時とともに複雑になっていったので、それに合わせたリスク量の測定などは難しくはなったが、リスク量をつかめさえすれば、後は自己資本の水準を最低水準からどの程度上回らせるかという経営判断だった。自己資本を多く使いそうな業務部門に対しては、その業務の縮小を求めればよかったのだ。上が決めて、それを強制する経営である。

サステナブルな世界では、グリーン・バーゼル規制など規制については従来型と同じく、上が決めて、それを強制する運営スタイルになる。グリーン・ベンチャーを発掘するようにとか、石炭火力発電への融資をしないようにといった上からの指示が、全国の支店に出されることになる。

異なるのは、規制プラスαとして取り組みが求められるサステナブル対応だ。SDGs目標だけでも17項目あるわけで、多様な対応が必要になる。しかも何がサステナブルかは、例えば地域との関係で考慮されることもあるので、極端に言えば支店ごとに違ってくる。

また、目標のなかには従業員の働き甲斐といった視点も必要になる。経営サイドでこれが従業員の働き甲斐だと勝手に決めつけて、すべての従業員に押し付けても、あまり意味はない。

求められるのは、支店の行員が、何がサステナブルの向上に役立つのか、何が働き甲斐を高めることにつながるのか、といったことを自ら考え、それが生かされるような組織づくりである。日本の銀行は「上意下達」の組織文化が徹底していると言われてきたが、その転換が求められることになるだろう。

チェックリストとしての「グローバル100」

サステナビリティの分野で、その対応を評価する際によく利用されているのが、カナダの出版社**コーポレート・ナイツ**が毎年、ダボス会議で発表している「世界で最も持続可能な企業100社（Global 100）」である。企業や銀行の財務の健全性は言うまでもなく、取り扱う製品についてのチェックを経て、環境対応やインクルーシブな対応で評点し、ランキングしている。

2021年のトップはフランスの電機会社、シュナイダーエレクトリックで、ノルウェーのエネルギー会社、オーステッド、ブラジルのブラジル銀行が続いている。金融・保険ではブラジル銀行に続き、14位にノルウェーのストアブランド、29位にカナダのIGMフィナンシャル、37位にオランダのING、44位にオーストラリアのナショナル・オーストラリア銀行、46位にフランスのBNPパリバ、47位にカナダのモントリオール銀行、49位にドイツのアリアンツなどが入っている。

日本からは製薬のエーザイ（16位）、医療機器のシスメックス（32位）、電機のコニ

コーポレート・ナイツ
2002年にトビー・ヒープとポール・フェングラーによってカナダで設立された、責任ある企業行動、クリーン資本主義、持続可能な社会などに焦点を絞った出版、調査、研究を手掛ける企業。機関誌「コーポレート・ナイツ」を発行し、持続可能な企業（グローバル100）のほか、多様性リポート、クリーンテックランキングなど、環境や持続可能性関連のランキングを発表している。

カミノルタ（41位）、化学の積水化学工業（51位）、医薬品の武田薬品工業（71位）の5社がランクインしているが、金融分野は1社も入れなかった。

参考になるのは、このコーポレート・ナイツがグローバル100をランク付けする際に使っている評価手法だ。この手法で評価された企業が、国際的にはサステナブル時代の優良企業とされているので、銀行も経営上、その手法をそれぞれの国の事情などに合わせて取り入れていく必要があるだろう。

まず、企業は純利益、オペレーショナルキャッシュフロー、長期債務の状況など9つの指標で財務の健全性が判断される。これはいわば従来基準での財務のサステナビリティ・チェックである。

その先は、新しい価値観に沿った評価であり、取引から除外する基準を示した**エクスクルージョン・スクリーンズ**を使って、それに抵触しないかチェックしていくことになる。

除外スクリーンは合計21項目あり、例えば「ストックホルム国際平和研究所（SIPRI）が武器売上比率50％と認定している武器メーカー上位100社」「グローバル・インダストリー・クラシフィケーション・システム（GICS）にもとづくギャンブル産業の企業」「年間の金融制裁額——罰金、制裁金、和解金の合計——の収入に対する比率が1・1％を超えている企業」「ノルウェー中央銀行でノルウェー政府年金

エクスクルージョン・スクリーンズ
採用しない製品やサービスをふるい分ける企業の行動・財務の管理手法をエクスクルージョン・スクリーニングと呼び、その際に使う一定の基準にもとづく除外リストを指す。人権基準に抵触しないか、環境破壊につながらないか、倫理基準に合致しているかなどをチェックする。法令遵守を徹底するため、さまざまな業界で活用されており、投資に当たっての投資対象の除外リストの管理もその一環である。

基金の運営責任を負うノルジュ・バンク・インベストメント・マネジメント（NBIM）によって、石炭生産または石炭をベースにしたエネルギー企業として投資除外されている企業」「（長期的な視点で優れた投資を促す）モトレイ・フール、（倫理的でない企業をリストアップする）シン・ストックス、（大人のエンターテインメント業界をカバーする）レッド・ライト・ネットワークなどによってアダルト企業とされている企業」などが含まれる。

リストは国際的に問題視される業界・企業を幅広く含んでいる、極力具体的な基準にしている、判断基準をあらかじめ示している、判断基準には国際的に信頼性が高いとされる組織などのものを活用している、などが特徴になっている。そのため例えば国際的に信頼度が高いNBIMに関しては、石炭関連のほか、「タバコ」「オイル・サンド」「汚職」など合計9項目で判断基準として参照されている。

投融資の際に、そもそも企業のサステナビリティ評価上問題となる企業が入っていたのでは、取り組み姿勢が問われかねない。

もちろん、この除外を決める際の価値観は国によって差があって当然だが、できるだけ世界的な常識に沿って投融資を行わない基準をつくり、銀行の活動をチェックする必要があるだろう。そうしないと、サステナブルへの関心を高めるグローバルな投資家からの投資資金が期待できなくなってしまう。

トップ報酬、有休消化率などにもチェックの目

また、除外リストと並んで、企業をスコアリングする評価基準が24ある。「CEO報酬と従業員平均報酬の比率」「離職率」「経営陣の女性比率」「取締役の女性比率」「有給休暇」「クリーン投資比率」「役員報酬制度（サステナビリティ指標に連動した報酬制度の有無）」などの項目が並び、銀行にも経営上そうした面への配慮が重要になってくる。

企業を評価するため「エネルギー生産性」「廃棄物生産性」「窒素酸化物生産性」などの項目もある。これらは銀行には直接関係しないものもあるが、取引先が明らかにそうした指標で低い評価しかされていないのだとしたら、投融資の際に配慮する必要があるだろう。

銀行はマネロン対策で「顧客確認（KYC）」を徹底するよう求められ、資金を預け入れに来る人、資金を送る先などがマネロンに関係がない個人、企業であることの確認が必要になっている。

邦銀では、みずほ銀行で提携ローンに多数の反社会的勢力との取引が存在していたにもかかわらず、それを把握してから2年以上も取引防止、解消のための対応を実施せず、金融庁に業務改善命令を出された例がある。

これからの銀行経営では、サステナビリティやインクルーシブの規範において、マネロン対応や反社対応と似た対応が必要になる。自らが徹底して実施しているかどうかを開示し、それが市場も含む外部からチェックされるとともに、投融資先の顧客についても規範に合致しているかどうかチェックすることが求められる。そうしたチェックをする際に、グローバル100の評価基準は参考にされるべきだろう。

銀行はお金を貸して利益を上げることが最優先課題だった。しかし、儲けるために何をしてもいい時代は過ぎ去ろうとしている。銀行は社会的責任を果たしながら、利益を追求していかなければならない。

しかも、利益を考えるにあたっても、四半期ではなく、10年、20年といった長期的な視点が必要になる。気候変動やサステナブル社会への対応というのは、目先の取り組みがすぐに成果として現れるわけではない。粘り強く、新しい規範を守りながら、ビジネスを遂行することが求められる。

4　新しい銀行革命――収益最重視の挫折が開いたサステナブルへの道

市場への対応求められた第1次変革――相場変動リスクとの対峙

銀行が直面する新しい変革の波の本質は何か、歴史的な銀行経営の文脈で捉える必要がある。グリーン、ESG、社会的責任、SDGsなどさまざまな概念が提起されているが、ネット・ゼロのサステナブルな社会を支える金融の姿が目指されることになる。バーゼル規制の導入などこれまで金融の在り方を変えてきた大きな変革に勝るとも劣らない、大変革が始まろうとしている。

これまで銀行は、何度も大きな変革の波にさらされてきた。新しいサステナブル・ファイナンスを考える前に、これまでの変革がどんなものだったのかを振り返っておこう。

まず、この半世紀の初めの変革は、市場がもたらした経営変革だった。戦後の国際金融秩序が、規制金利・固定相場の枠組みから、金利自由化・変動相場制へと移行したことに伴うものだ。

第2次世界大戦後の金融秩序は、圧倒的な力を誇るに至った米国の影響下で、国際通貨基金（IMF）・世界銀行を柱とするブレトンウッズ体制として築かれた。ドルの金との交換比率を一定に保つ金・ドル本位制のもとで、通貨は固定相場制がとられた。また、金利については、当局が預金金利、貸出金利とも決める規制金利の体制が築かれ、銀行業務は固定相場、規制金利の枠組みのなかで実施されていた。

しかし、ベトナム戦争などで米国の力が落ち、米国はドルの金との交換を停止し、国際通貨制度は変動相場制に突入する。また中央銀行などが厳しく規制してきた預貸金利が段階的に自由化された。その結果、銀行業務は市場金利、変動為替相場を前提としたものに組み直す必要に迫られた。

これは銀行経営に革命的な変革をもたらした。それまで銀行は当局が決めたレートで調達し、当局が決めたレートで貸し出しをして、その利ザヤで利益を得ていた。新しい枠組みでは、引き続き利ザヤ・ビジネスは大きな柱ではあるものの、金利や為替の変化に乗じて利益を上げる新しい収益源を手にした。

一方で、金利や為替が変動すると、銀行ビジネスはその変動リスクにさらされることになる。実際、変動相場制移行からあまり時間がたっていない段階で、西ドイツのヘルシュタット銀行が為替投機の失敗によって破綻に追い込まれている。銀行が市場リスクと真剣に向き合うことを余儀なくされたとも言える。

資本拡充を迫られた第2次変革——破綻リスクへの備え

次に起きたのは、資本がもたらした変革である。銀行は信用ビジネスで、自らの経営が安定していることが基本である。固定金利の時代は、調達コストが決まっており、それに一定のスプレッドを上乗せして貸すので、比較的安定した利ザヤが確保できた。

しかし、変動相場、金利の自由化の時代になると状況は大きく変わる。為替相場が大きく変動すれば、銀行の為替持ち高が大きく変動することになった。金利が急上昇し、調達コストが急激に上がれば、固定金利で貸していた融資が逆ザヤとなり大きな損失が発生するようになった。銀行経営の脆弱性が格段に増したのだ。

国際的には、米大手銀などが中南米諸国向けに貸し込んだ融資が焦げ付き、経営破綻に直面した。米国内では、固定金利で貸していた貯蓄金融組合（S&L）の調達コストが急騰し、多くが経営に行き詰まる大規模危機が発生した。

そのため、銀行など金融機関は損失の発生に備えて、損失を吸収できる資本を厚めに積むことを求められるようになる。米国では自己資本比率を最低でもリスク資産の8%以上積む規制案などが検討されていたが、リスクを抱えているのは米銀に限らないため、国際的な規制としてバーゼル銀行監督委員会で国際展開する銀行に対して自己資本比率規制を導入することになった。

それが1988年に公表されたバーゼル規制（当初、日本ではBIS規制と呼ばれていた）だ。リスク資産に対して、8%以上の自己資本を義務付ける内容で、92年末から導入された。資産の持つリスクについて、先進国向けはゼロ%、民間銀行向けは20%、民間企業向けは100%などとされた。これによって、銀行はこの規制にもとづくリスク調整後の価値で資産を評価することになる。規制によって、銀行の価値を計るものさしが変わった大変革だった。

影響は甚大だった。民間企業向け融資は資本への負担が重いため、銀行は民間向け融資を選別するようになる。信用力が劣るような企業については、かなり高いスプレッドを徴求するようになる。資金が必要な企業は、債券発行による調達を試みる動きが加速した。

また、銀行経営における資本の考え方は、それまで国によってかなり差があり、資本をあまり重視せず、薄い資本で積極的な融資を展開してきた日本とフランスの銀行は、大幅な資本の増強を求められることになった。

この変革に対して、日本の銀行と、監督当局である大蔵省（当時）は、欧米のように銀行経営を資本規制に合わせて変えようとはしなかった。保有株式の含み益の45％を資本として認めさせ、それによって銀行がそれまでのビジネスモデルを変えることなく、規制を達成する戦略をとった。

しかし、1989年末をピークに日本株が暴落したため、含み益による資本増強戦略が行き詰まったのに加え、本格増資もできず、結果的に資本基盤が薄いままの経営を余儀なくされた。その後、バブル崩壊の影響で資産劣化が進むと実質的な過小資本に陥り、90年代に大規模な金融不安を引き起こしている。

収益至上に踊らされた第3次変革——儲けでゆがんだ経営

資本改革の次に銀行を襲ったのは、収益に着目した変革だった。

「大きすぎて潰せない」（TBTF＝too big to fail）

規模が大きな銀行が破綻しそうになった際、破綻の経済への影響が大きいため、政府が介入して銀行を支援し、破綻させない政策を指す。この方針を維持した場合、破綻しそうになれば政府に救われるとのモラルハザード

銀行は世界的に1980年代まではさまざまな銀行業務を総合的に手掛けてきた。決済や中小企業向け融資を担っていることから行政に手厚く守られてきた。

しかし1980年代に途上国融資などリスクが高い業務が裏目に出て経営危機に陥ったコンチネンタル・イリノイ銀行を救済したことをきっかけに、銀行を特別視する**「大きすぎて潰せない」**の方針が批判された。バーゼル委は資本強化で銀行に破綻しにくい体制整備を求めたが、それが意味したのは銀行が必ずしも守られないことであり、銀行は普通の企業と同じ経営体としての努力が従来以上に求められるようになる。

それまで銀行はさまざまな業務を手掛け、収益はどんぶり勘定的に管理してきたが、自らを守るためにも、業務ごとに収益管理をし、それぞれの業務の収益性を高める経営が志向された。

その手法としては、大手米銀、バンカーストラストが打ち出した**RAROC（リスク調整後資本収益率）**と呼ばれる指標が重視された。部門ごとにRAROCが算出され、各部門は収益の観点から運営の在り方を見直され、利益率を高めることが目指された。

リストラや手数料の引き上げのほか、利益率の低い業務は売却し、高い業務を買ってくるようなM&Aも多用された。利益を最重視する経営は収益革命などともてはやされ、有力銀行は自己資本利益率（ROE）で20%を目標に掲げたりした。

が生じる副作用があるため、1980年代から政策の是非について激しい議論が交わされた。現在では銀行に資本を増強させたうえで、TBTF政策はとらないとする建前の先進国が多いが、実際に巨大銀行の破綻容認は難しいとの見方も根強い。

RAROC（Risk Adjustment Return on Capital）
米銀バンカーストラストのダン・ボルジュによって開発されたリスク調整後資本収益率を指す。業務ごとに異なるリスクに応じた収益が可視化され、銀行の財務管理レベルを向上させた。1990年代に金融業界がM&Aを活発化する基礎になったとされ、現在でも財務指標として幅広く使われている。

しかし、そうした利益至上主義がはびこるなか、銀行のモラルは低下する。利益を上げるために反社会的勢力との取引に手を出したり、ハイリスク・ハイリターンの業務に乗り出したりした。この時期、欧米銀行では、規制違反で罰金を科される不祥事が急速に増えている。

そうした路線が行き着くところまで行き着いたのが、サブプライムローン危機だった。前述（第1章）したように、この危機の本質は、金融機関が個人をだまして融資し、それを担保に新しい商品を組成し、偽りの格付けで世界中の投資家を欺いていたことにある。

融資などの金融サービスには、それを受けた生活者、その人たちが生活するコミュニティなどが深く関係する。そうしたことはお構いなしで、ひたすら自らの利益だけを追い求めた金融ゲームが展開されていた。

しかし、担保である住宅価格が下がり始めると、銀行が手掛けていたサブプライムローンの犯罪性が白日の下にさらされた。それを担保にしていた商品は暴落し、世界の投資家が大きな損失を被った。その挙げ句に、米大手証券のリーマン・ブラザーズが破綻する。収益革命などともてはやされた利益至上主義は、銀行のモラルを破壊し、金融システムを破綻の縁にまで追い込んだのだ。

ここまで見てきたサステナブル・ファイナンスは、この収益に着目した変革の反動でもある。金融を犯罪の手段にまで変えた、ゆがんだ収益至上主義を見直す必要が生じたと言えるだろう。

サステナブル対応としての第4次変革――新しい価値観との対峙

銀行が直面しているのは、グリーン、人権、多様性など新しい価値観にもとづいた銀行のありかたの見直しである。新しい価値観を尺度に、これまでの銀行業務のゆがみを正していく、一種の価値革命、文化革命のような側面がある。

実際、銀行の価値観を問う動きは、2008年のリーマン・ブラザーズ破綻以降、少しずつ強まってきた。

1978年に経済金融への理解を深めるために設立された、銀行監督当局者や民間金融機関トップやOB、金融学者などで構成する評議会、**グループ・オブ・サーティ（G30）**は2015年に、「銀行行動と文化　持続的で包括的な改革への要求」と題する報告書をまとめた。

報告書ではまずG30の会長ジェイコブ・フレンケルとCEO（最高経営責任者）ジャン・クロード・トリシェが、「銀行は信頼の上に成り立っている。その構築には時間がかかるが、倫理、価値、行動の問題に起因する失敗で瞬時に失われかねない。金融危機はまさに、そうした文化の失敗だった。銀行は顧客や社会からの信頼にもとづ

グループ・オブ・サーティ（G30）
国際的な経済および金融問題の理解を深めるため、1978年にロックフェラー財団からの助成金で設立された非営利団体。経済政策立案者とそのOB、規制当局、民間金融セクターのリーダー、および学者の約30人が個人の資格で参加し、金融問題などでさまざまな提言をしている。

き、（みずからの組織だけでなく）幅広い社会の利益のために活動することによってのみ、長期的に繁栄できる。金融界のリーダーに、包括的な改革に向けて、行動と文化をかえることを最優先するよう求める」と強調している。

それを実現するために、まず銀行の文化に関するマインドセットを根本的に変えなければならないと訴えている。銀行のトップに持続可能な新しい銀行の価値を明示し、その達成に向けて説明責任とガバナンスの体制を整備するとともに、価値を浸透させるインセンティブ制度をつくるよう求めている。

また、銀行はすべての従業員に望ましい価値と行動は何かを理解できるようなプログラムを作成し、それを定期的に実現することを求めている。その際に、とりわけ多様性（認知、ジェンダー、人種、背景）に注意を払うべきだとしている。

そしてその効果を維持するために、①求められる価値と行動の責任を負わせ、②それを果たすための基準の設定とモニタリングを実施し、③その基準が順守されていることを確認する3段階の対応を勧めている。

さらに、銀行の価値の問題は一義的には経営マターで、監督当局は銀行文化や価値を決めることはできないとしながらも、監督者はそれを監視する重要な役割を担うべきだとしている。この点に関しては、銀行業界がリードする形で、銀行の行動規範を強化し、その履行状況が透明になることが望ましいとしている。

「お金に色をつける」時代へ

今、問われているのは、何のための金融かという原点である。銀行については決済と中小企業融資、資本市場については円滑な資金調達の場の提供が基本的な役割であるが、それはもともと金融が経済の潤滑油として機能するためだったはずである。しかし実際には、決済機能を通じて反社会的勢力に資金を回すといった事態まで招くに至り、金融を公的な役割を意識した、まともなものに戻す必要が生じたのだ。

まともなものに戻すためには、何がまともで、何がまともでないかを考え直す必要がある。その際に、国際社会に目を向けてみるとグローバリゼーションで国の格差が広がり、同じ国内でも富めるものとそうでないものの格差が広がっていた。絶対的な貧困状態にある人がまだ数億人もいる一方で、ＩＴ長者にはビリオネアと呼ばれる、資産が10億ドルを突破する人もいる。銀行はグローバリゼーションやＩＴ化を新潮流と捉えて巨額の資金を流し込んだのだが、それが経済のひずみを広げてしまった面がある。

地球環境も悲鳴を上げ始めている。世界各地で氷河の後退が報じられるなど地球温暖化の影響が叫ばれて久しいが、その影響が台風やハリケーンの大型化、40℃を超えるような熱波、広大な山火事などの形で人々の暮らしに襲い掛かり始めた。

それは経済発展を最重視し、それを成し遂げるための化石資源の開発と、それを使って大量の温暖化ガスを排出する石炭火力発電所の建設・運営、さらには温暖化ガスを排出する自動車の普及などがもたらした結果であり、そうした開発や関連ビジネスに巨額融資してきた金融も責任の一端を担っている。

金融危機以降、世界的にそうしたひずみを見直す動きが活発化している。金融危機が、新自由主義のもと、四半期の利益の極大化だけを追い求めた結果と認識され、それを是正する社会運動が広がっている。

社会の価値観が変わるなか、銀行はただ単にお金を貸すことだけが仕事だと開き直れなくなりつつある。これまで銀行は資本規制などを満たせば、あとはひたすら利益を追い求め続けられた。

A社に融資するかどうかは、まず審査で貸し倒れが起きないことを確認し、そのうえでどの程度の利ザヤが確保できるかを指標に判断してきた。バンカーはよく「お金に色はついていない」と言うが、その心は利益が確保できるならどこにでも貸すということである。基準は儲かるかどうかだった。

唯一の例外は、マネロンやテロ資金など犯罪にかかわるものである。銀行が犯罪を金融面で後押しするわけにはいかず、そこでは自制せざるを得なかった。

しかし、これからは新しい尺度が入ってくる。儲かるからお金を貸せばいいという価値観は古いものになりつつある。環境破壊につながらないか、人権抑圧を招かないか、差別を助長しないかなど、新しい価値観で融資を見直す。それらの価値基準をクリアしたうえで、初めて利益を追求できる。新たに導入する価値観によって、お金の流れを変えようとしなければならないのだ。それは「お金に色をつける」ことに他ならない。

銀行の「文化大革命」――求められる3軸経営

この銀行の価値革命を踏まえて、銀行は3軸経営が求められる。第1の変革として求められた「資本」、第2の変革として求められた「収益」、そしていま、あらたに求められつつある「価値」の3つの尺度である。

「資本」は、健全経営への備えである。銀行は決済など社会的なインフラの役割を果たしている以上、簡単に潰れるわけにはいかない。当局はモラルハザードを防ぐために、大きすぎて潰せないなどというのは神話だと否定するが、実際には潰せないのであり、それを担保するのが資本だ。

「収益」は、銀行は公的な役割を担っているとはいえ、民間の株式会社であり、利益を上げることが基本だ。リーマン・ショック前に欧米有力企業が目標としたROE20％というのは、顧客を犠牲にしたり、過度にリスクテークしたりしないと上げにくい水準だ。株主、顧客、従業員など幅広いステークホルダーに配慮したとき、有力金融機関で10％程度が目線になりつつある。

「価値」は、顧客や社会、地域も含めた長期的な成長や繁栄を目指すものだ。お金を貸して儲かればいいというのは「収益」に偏った考え方であり、より長期的な視野で経済社会の発展を目指す。環境や貧困対策は、目先の利益だけ考えればマイナス面があるかもしれないが、中長期的にはそうした対応がなければ経済が持たなくなるリスクがある。

この3つの軸の要求をバランスよく満たすことが、銀行の生きる道である。銀行はそれに対応するために、「収益至上」「男社会」などといった伝統的な銀行文化を変えていかねばならない。

いま、欧米銀が再生エネルギー企業などへの融資に目の色を変えて取り組んでいる。それは新しい価値観に合致した分野であり、そこで「収益」を追い求めることは、非難されるどころか、推奨されるからだ。

単に「収益」だけを追い求めるビジネスモデルは崩壊しつつあるが、グリーンな分野での「収益」追求は、気候変動対策を促す社会的責任を伴うのである。見方を変えれば、収益至上を追求できる残された分野がグリーン領域だ。

それは気候変動対策を進める国の政策とも整合性のとれたものになる。欧州共同体

（EU）が打ち出したグリーン・ディールというのは、まさにネット・ゼロを目指す新しい体制下で、それに順応することを目指しながら、極力高い成長を目指そうとするものだ。

もちろん、そこにはリスクが伴う。銀行が再生エネルギーなどの事業に融資する際、その分野における技術開発の進み具合、競争の激しくなり具合などは予測が難しく、貸し先の企業のリスク判定も簡単ではない。貸し先の企業の多くは新興企業で、貸し出しリスクは高くなりがちだ。

だからこそ銀行は、ネット・ゼロに向けた経済社会の変化を見据えて、リスクを判断できるスキルを身に付ける必要がある。求められているのは、財務諸表を見て将来の返済可能性を判断する能力だけでなく、企業の技術力や気候変動対応力を見て返済可能性を判断する力である。そうした力を体得し、計算づくで、リスクテークする新しい勝負が始まっているのだ。

IV

日本と邦銀の行方

SUSTAINABLE FINANCE

第8章　再び遅れる日本

バブル期に国際市場を席巻した邦銀は、資本強化を求めたバーゼル規制対応に失敗し、収益競争でも後れを取った。銀行の価値がサステナブル重視へと転換するなか、邦銀は対応を急いでいる。しかし、求められているのは男性優位、収益優先、大企業重視といった銀行文化の見直しで、それは日本社会に根付いている部分もあるだけに、実現は簡単ではない。邦銀と東京市場に復活の展望は描けるのだろうか。

1　見劣りする邦銀

プロジェクト・ファイナンス競争が負のレガシーに

三菱ＵＦＪ銀行が２０２１年３月に海運業界向けファイナンスに関する気候変動原則「ポセイドン原則」に署名したのに続き、三菱ＵＦＪフィナンシャル・グループは５月に日本の銀行グループとしては初めてネット・ゼロ・バンキング・アライアンス

（ＮＺＢＡ）に加盟した。みずほフィナンシャルグループは7月に、日本の金融機関としては初めて**投融資カーボン・フットプリント算出基準策定機関（ＰＣＡＦ）**に加盟したと発表した。

メガバンクはバブル期に比べて存在感が薄れているとはいえ、国際金融界の有力プレイヤーであり続けることを目指している。欧米の金融機関がパリ協定への対応に雪崩を打って動き出しているなか、それを目指す国際的な枠組みに入ることを競っているのだ。

ただ、サステナブルな世界との対話は生やさしいことではない。パリ協定が結ばれた２０１５年、メガバンクが競っていたのは、ダムなど大規模プロジェクトに資金提供するプロジェクト・ファイナンス（事業融資）だった。国内での融資需要が停滞しているため、海外に活路を見出そうとしていた。

２０１６年のグローバルなプロジェクト・ファイナンスの実績ランキング（リーグテーブル）を見ると、トップが三菱ＵＦＪフィナンシャル・グループで、2位が三井住友フィナンシャルグループ、4位がみずほフィナンシャルグループと、この分野に限ってはバブル期の勢いを感じさせた。

融資対象は道路、ダム建設のほか、発電所や資源開発など多岐にわたる。インフラ事業は、規模が大きいのに加え、新興国の国民生活の向上に資するという意義も見い

投融資カーボン・フットプリント算出基準策定機関（ＰＣＡＦ）
２０１５年に設けられた、欧州の銀行などが投融資に関する温暖化ガス排出量の評価・開示を促すための国際的取り組み。融資および投資ポートフォリオの全資産クラスの温暖化ガス排出量測定の手法を開発、開示している。

だせた。

ところが、その戦略分野に、別の角度から注文がつくことになる。メガバンクは、プロジェクト・ファイナンスについては、環境などの基準を定めた国際的な紳士協定と言える「赤道原則」に適合することを確認したうえで実施していた。しかし、パリ協定や国連のSDGs目標の設定を受けて、融資対象が環境や人権などの基準を満たしているかどうかのチェックが厳しくなってきた。

よく見てみると、手掛けた案件には、環境への悪影響が懸念されている北米のオイル・サンドやパイプラインの事業、北極圏の石油・ガス関連事業、熱帯林の破壊につながりかねないインドネシアのパーム油事業などへの融資もまじっていた。横並びで残高を競ったツケが、環境対応への疑念として噴出している。メガバンクの得意分野が、疑惑の分野へと変質したのだ。

国連PRIから日本への書簡

日本のサステナブル・ファイナンスへの対応について、国連の責任投資原則（PRI）を推進するPRI協会が、2020年10月に、「日本のサステナブル・ファイナンス政策に関するブリーフィング」と題するリポートをまとめている。

リポートは「日本のサステナブル・ファイナンスと投資政策には進展が見られるも

のの、さらなる改革が欠かせない。日本はサステナブル・ファイナンスに向けてプリンシプル・ベースあるいはソフト・ロー方式によって、企業などに対応を促している。義務を伴わないアプローチは途上国では有効だが、日本はより効果を高めるため規制が必須だ。国の政策を、ほかの国の政策と整合性のとれたものにすることを検討すべきだ」と指摘。2021年4月には、日本の財務相、経済産業相、環境相、厚生労働相あてに、その実現を求める書簡まで送っている。

指摘されたプリンシプル・ベースというのは、金融庁が採用している主な原則を示し、それに沿った金融機関の自主的な取り組みを促す「プリンシプル・ベースの監督」で使われている言葉だ。詳細なルールを設け、それを個別事例に適用する「ルール・ベースの監督」の反対概念だ。

日本ではかつて、監督当局が箸の上げ下ろしまで指図すると言われるほど統制色が強い監督を実施してきたが、対応コストが重過ぎるとする銀行界の要請を受けて、2007年に「プリンシプル・ベース」を取り入れた「ベター・レギュレーション（より良い監督）」に転換した。

それは業界にやさしい監督だった。保険会社の保険金不払い事件が相次ぐなかで監督の手を緩めた金融庁の姿勢を見て、その後、大きな不祥事を起こしても当該金融機関の最高責任者が引責辞任しないなど、一昔前までは考えられない光景が繰り広げられた。ベターというのは、業界にとってであり、利用者や社会にとってとは思えなかった。

そうしたなかで、銀行などが国際的に見てサステナブルなファイナンスを自発的に手掛けることは、期待すべくもないのかもしれない。PRI協会からの書簡は、ネット・ゼロの社会を目指すに当たっては、監督や規制の枠組みもそれに合わせて調整する必要があるというメッセージに他ならない。

石炭火力発電向け融資――禁止方針もなお例外規定残す

とりわけ厳しい目を向けられているのが、銀行の石炭火力発電向け融資である。国内で火力発電を手掛ける電力会社向け融資を実施しているほか、海外でも日本製は環境性能が高いなどとして日本メーカーが輸出した発電施設を利用する火力発電プロジェクト向けの融資なども手掛けてきた。

しかし、性能が高いとはいえ、ネット・ゼロをめざす世界では、温暖化ガスを排出する火力発電の新設を支援する姿勢は理解を得にくい。

また、温暖化対応の国際圧力が強まるなか、首相の菅義偉が4月に、脱炭素社会に向けて日本の温暖化ガスの2030年の排出量を13年に比べ46％削減すると、目標を引き上げた。

銀行としても対応せざるを得なくなる。三菱ＵＦＪは２０２１年4月に、石炭火力発電について、すでに止めている新設だけでなく、既存の発電所の拡張も、ファイナンスの禁止対象とした。5月には三井住友が、石炭火力発電の新設および拡張へのファイナンスの全面禁止を発表し、みずほも石炭火力発電向け融資残高についてゼロとする目標を、50年から40年に前倒しした。

ただ、三菱ＵＦＪは「パリ協定目標達成に必要な、炭素回収・利用・貯留、混焼等の技術を備えた石炭火力発電所は個別に検討する場合がある」と例外規定を設けている。三井住友は方針の適用対象を三井住友銀行、ＳＭＢＣ信託銀行、三井住友ファイナンス＆リース、ＳＭＢＣ日興証券の4社に限り、海外法人などは外している。みずほも「当該国のエネルギー安定供給に必要不可欠であり、且つ、温室効果ガスの削減を実現するリプレースメント案件については慎重に検討の上、対応する可能性がある」という例外規定を残している。

消極的に見えるのは、石炭火力対策だけではない。三菱ＵＦＪフィナンシャル・グループは、２０２１年4月に30年のサステナブル・ファイナンスの目標額を、それまでの累計20兆円から同35兆円に引き上げた。

それに対し、ドイツの大手銀行、ドイツ銀行は２０２５年までのサステナブル・ファイナンス目標金額２０００億ユーロ（26兆円）を、23年までに2年前倒しした。

また、米金融大手のＪＰモルガン・チェースは、２０３０年までに気候変動への対策と持続可能な開発に対して２・５兆ドル（約２７５兆円）以上の投融資を行うと発表している。

サステナブル・ファイナンスを実施しようにも、需要がなければ残高は積み上がってこない。そもそも日本には、設備資金の需要自体が豊富には存在しないなかで、三菱ＵＦＪの目標引き上げはそれなりの努力の表れではある。

一方で、欧米は、パリ協定を産業構造を変えるきっかけと捉え、国策として対応を促していることもあって、新しい時代に対応した設備需要の急拡大が見込まれている。欧米金融機関は、関連投融資や資金調達支援業務を拡大する好機と見ているのだ。国の対応が違うので仕方がないとも言えるが、並べて比べると邦銀の対応が、欧米有力銀に比べかなり見劣りするのは事実である。

不良債権問題のレガシー――国民に支えられた15年の重み

歴史的に見た時に、邦銀、とりわけ大手銀行が果たすべき社会的責任は大きい。大手銀行はバブル期にリスクの高い不動産融資に狂奔し、それがバブル崩壊とともに不良化し、多くの銀行が経営危機に陥った。政府は大手銀行などを救済するため、１９９８年からおよそ12兆円もの公的資金を投入している。

また、銀行は「繰越欠損金制度」を活用して、大手では2000年ごろから、10年以上も法人税を納めてこなかった。「繰越欠損金制度」というのは、ある決算期に赤字を出した場合、その後、決められた期間（当時は最大7年）までは、黒字を出しても、最初の赤字と相殺することができ、相殺し終えるまでは法人税の課税所得はゼロと見なす制度だ。

通常長い期間をかけて相殺するレベルの巨額の赤字を抱えれば倒産するが、銀行の場合、公的資金に守られているため破綻しないにもかかわらず、法人税支払いを回避できた。大手銀行はそれをフル活用し、法人税の納税という基本的な社会的責任を長期にわたって回避していた。

政府が銀行の投機的取引の失敗を救うために、巨額の公的資金を投入するとともに、法人としての社会的責任である法人税の納税回避を制度として容認したのは、経済全体にとって欠かせない決済業務や中小企業向け融資などにおいて銀行が社会的責任を果たすことを期待してのことだ。銀行は、極めて重い、道義的責任を負ったはずだった。

そこで銀行が負った責任は、短期的なものではない。公的資金を投入しないで、より有望な分野に資金を回していたら経済は、よりよくなっていたかもしれない。それを犠牲にしてまで銀行を救った以上、銀行はかなりの期間社会的責任を果たすことで恩返しする必要がある。

ポイントはその期間だ。大手銀行の多くが公的資金を完済したのは、2000年代のなかば。法人税納税を再開したのは2011年ごろからである。十数年間、政府、つまりその裏にいる国民に支えられ、支えが完全になくなってからまだ10年しか経っていない。

銀行流のコンプライアンスの解釈では、公的資金を返し、法人税納税を再開すればあとは自由ということなのかもしれない。公的資金の投入時には抑えられていたトップの報酬はみるみる上昇し、2020年度のトップ報酬は例えば、みずほフィナンシャルグループで1億5000万円を超えている。

メガバンク関係者に言わせれば、欧米有力行はもっと高いということなのだが、株式時価総額ランキングで見るとみずほは世界の銀行で50位前後であり、欧米有力銀と比較することすらナンセンスだ。新入行員とトップの報酬格差は急拡大しており、そのなかで少なからぬ新入行員が辞める事態が生じている。しかも、2021年には基本的な決済をつかさどるATMで、たびたびトラブルを引き起こしているありさまだ。国民は、何のために銀行を支えたのだろうか、あらためて考え直す必要があるだろう。

銀行が社会的責任を十分に果たそうとしないのなら、その履行を求める工夫が必要だろう。例えば米国は1977年、地域から集めた資金の地域への再投資を促すため、地域再投資法（ＣＲＡ）を定めている。金融機関に、低所得地区の再開発融資など「地域開発への投融資」、学校の貯蓄プログラムの提供など「地域への金融サービス」を求め、当局の検査などでその履行状況を監視している。日本でも、そうした仕組みの導入は検討課題になるだろう。

ただ、なりふり構わず、銀行に貸し出しを増やせと圧力をかければいいわけではない。

金融庁は銀行に対して、融資の担保・保証依存からの転換を求め、例えば事業性評価にもとづく融資の比率が低いと検査を通じて銀行に圧力をかけている。しかし、無担保融資を増やせば、地域によっては、貸し倒れが増えかねない。

銀行にまず求められるのは、健全経営である。一定の利益を出せなければ、赤字に陥り、法人税の納税という社会的責任すら果たせなくなる。金融庁が実施しているような、融資の手法にまで介入したり、健全性を脅かしかねないほど中小企業向け無担保融資を求めたりするのは、サステナブルな手法ではない。銀行は、無料のＡＴＭではないのだ。

銀行が健全経営を保ちながら、社会的責任を果たす方法を模索するべきだろう。

例えば静岡銀行はシブ銀といわれてきた。コスト削減が徹底しているほか、審査が厳しく、企業からみると資金を借りにくく映っていたからだ。しかし、そうした審査

地域再投資法（ＣＲＡ）
米ジミー・カーター政権が、都市の衰退と地域社会への投資不足に対応するため、１９７７年に制定した法律。金融機関に、低所得および中所得を含む事業を行う地域の信用ニーズの支援奨励を義務付けている。ただ、損失をもたらしかねないハイリスク融資は求めていないことも明記している。市場原理主義的な考え方が強い米国で、低所得地域における銀行の社会的責任を問う異色の規制といえる。

姿勢を維持したからこそ、バブル期に不動産融資に手を出さず、軍事金融積立金繰り入れで赤字だった終戦時の半期を除いては黒字経営を続け、基本的な社会的責任である法人税を納め続けている。その意味ではメガバンクより、はるかにサステナブルな経営を続けている。

　また、静岡市・草薙にある本部の建て替えに当たっては、地域の防災拠点としての役割も果たせるようにし、普段会議室として使っている2階部分を帰宅困難者などに開放することにしている。静岡は東海地震などが起きる可能性が取りざたされており、震災対応が大きな課題になっているだけに、静銀の対応は地域の実情に応じた社会的貢献と言える。

　銀行は適正な利益を上げ、備えとしての十分な自己資本を積み、そのうえで、できる限り社会的責任を果たす必要がある。社会的責任を果たすことのウエイトを上げることが期待されるが、それは銀行が適度な利益と資本を守りながら、それぞれの金融機関が置かれた環境のなかで対応すべきだ。また金融当局は、それをうまく促せるような制度づくりが欠かせない。

2 かすむ京都議定書

気候レジリエンス20位——中韓より低ランクの現実

日本のサステナブル社会に向けての取り組みは、最初から遅れていたわけではない。気候変動に関して初めて、国際的な取り決めを結んだのは、京都市の宝ヶ池にある国際会議場、国立京都国際会館で開いた第3回国連気候変動枠組条約締約国会議（COP3）だった。

会議では、先進国に温暖化ガスの排出削減目標の明示を迫ったため、議論が紛糾する場面もあったが、議長を務めた環境庁長官の大木浩が議定書採択にこぎつけた。先進国に温暖化ガス削減を求めた「京都議定書」は、環境の分野で画期的なもので、それをまとめた日本は高い評価を得た。

しかし、京都議定書を受けて真剣に動き出したのは欧州で、EUは2003年に気候変動法を制定した。05年にグレンイーグルズでG8を主催した英国は「気候変動は、地球のあらゆる場所に影響を及ぼす可能性のある深刻かつ長期的課題だ」として、気候変動への対応、クリーン・エネルギーの促進、グローバルな持続可能な開発の達成などを盛り込んだ行動計画をまとめた。

それに対し、日本の動きは鈍かった。日本は2008年に、それまで東京と沖縄でしか開いていないG8サミットを、自然に恵まれた北海道・洞爺湖畔で開いた。環境重視の姿勢をアピールする好機だったが、国際的な取り組みの確認・支援以外に大きな成果は残せなかった。

2016年には三重県の伊勢志摩でG7サミットを開いた。パリ協定が採択されて初めて、また国連がSDGs目標を示して初めてのG7サミットだったが、三重県の観光PR的な面ばかりがテレビで映し出され、先進国をリードするような動きはできなかった。

背景には、産業界などにくすぶる「不当に環境負担を押し付けられている」との不満がある。確かに日本のエネルギー効率を示す実質GDP当たりの1次エネルギー消費量を見ると、米国は言うに及ばず、フランスやドイツに比べても少なかった。それだけ省エネが進んでおり、そもそも課された排出量削減目標が欧米対比で過大との意見が根強い。財界では「(日本でまとめたからといって)議定書を忠実に守る必要はない」との声まで出ていた。

しかし、日本は本当によくやっているのだろうか。この点に関して、英金融機関のHSBCが2020年に「もろい地球2020――気候リスクを測定する　誰が最もレジリエントか」と題する報告書で、67カ国を評価している。

報告書は、「国の政策にカーボンの問題（脱炭素）がどう位置付けられているか」「温暖化に伴う暴風など物理的な事象によるリスクにどの程度さらされているか」「気候変動に対応するための政策、当該機関の質、金融の強さを有しているのはどの国か」「グリーン・テクノロジーから経済的利益を生み出せるのはどの国か」――といった視点から、各国を分析している（表22）。

最も**レジリアンス（回復力）**があると評価されたのは、フィンランドだった。それにドイツ、スウェーデンが続き、日本は20位。イタリアを除くG7各国だけでなく、中国や韓国よりもランクは低い。

省エネが進んでいるとしていた産業界や経済産業省の主張は「偽り」ではなかったのかもしれないが、気候変動対策は省エネだけにとどまらない。いま私たちの周りを見渡してみると毎年、豪雨災害が起き、熱中症で多くの人が亡くなっている。気候変動は当初の予想を超える速さで、その牙をむき始め、日本に対応を迫っているように見える。

表22　気候変動に対するレジリアンスの評価

順位	国
1	フィンランド
2	ドイツ
3	スウェーデン
4	米国
5	デンマーク
6	カナダ
7	英国
8	スイス
9	フランス
10	ノルウェー
11	オーストリア
12	オランダ
13	ポルトガル
14	オーストラリア
15	ニュージーランド
16	スペイン
17	チェコ
18	中国
19	韓国
20	日本

（出所）「Fragile Planet 2020 Scoring climate risks: who is the most resilient」January 2020, HSBC

レジリアンス（回復力）
反発力を意味する物理学の用語が、心理学でストレスからの回復力を表す言葉として使われていた。近年は人だけにとどまらず、企業や国家の逆境への耐久力や、そこから立ち直る力強さを表す言葉として使われている。

3　新しい基準での日本の位置付け

環境パフォーマンス指数12位と健闘――汚染物質排出などは課題

パリ協定によって世界的に気候変動への対応が義務的に進められるなか、国連やG7、G20などで議論され、進化を遂げてきたグリーン、サステナブル、インクルーシブなどの新しい価値観は、金融だけでなく、国の在り方の変容も迫っている。そして国がそういう新しい価値観に沿って在り方を見直していかない限り、銀行だけ頑張っても限界があるのも事実だ。それでは日本は、新しい価値観にもとづくと、どう見えているのか。

まず、グリーンに関しては、米イェール大学とコロンビア大学が共同で2年に1度、環境と生態系の健全性など各国の持続可能性水準と、環境改善努力、環境政策の成果など指数化して、**環境パフォーマンス指数（EPI）**を算出、公表している。

2020年のEPIでは、デンマークがトップで、ルクセンブルク、スイスが続き、日本は12位となっている（表23）。イェール大などは、総合指数を算出するための個別分野での評価もランキングしており、それを見ると日本の優れたところと劣ったところが浮かび上がる。

環境パフォーマンス指数（EPI）
イェール、コロンビアの両大学が開発した、環境政策の目標達成度合いを示す指数。2020年版は大気の質、衛生および飲料水、気候変動など11の分野の32の評価指標で国をランク付けしている。評価指標を選ぶ際の恣意性を批判する声もあるが、定量的な国際比較になっており注目度が高い。

表23　環境パフォーマンス・インデックス2020

順位	国	スコア
1	デンマーク	82.5
2	ルクセンブルク	82.3
3	スイス	81.5
4	英国	81.3
5	フランス	80.0
6	オーストリア	79.6
7	フィンランド	78.9
8	スウェーデン	78.7
9	ノルウェー	77.7
10	ドイツ	77.2
12	日本	75.1
24	米国	69.3
120	中国	37.3

日本の詳細評価（環境パフォーマンス・サブインデックスの順位）

詳細項目	日本の順位	トップの国
環境ヘルススコア	14	フィンランド
エコシステム・バイタリティスコア	16	デンマーク
大気の質	12	フィンランド
サニテーション・飲料水	17	フィンランドなど6カ国
ヘビーメタル	17	フィンランドなど6カ国
ウエスト・マネジメント	25	コロンビア、オランダ
バイオダイバーシティ・ハビタット	44	ボツワナ
エコシステム・サービス	59	バーレーンなど6カ国
漁業フィシュリーズ	11	シンガポール
気候変動	24	デンマーク
汚染物質の排出	63	欧米22カ国
農業	35	ウクライナ
水資源	23	デンマークなど5カ国

（出所）「Environmental Performance Index 2020」Yale Center for Environmental Law & Policy, Yale University, Center for International Earth Science Information Network, Columbia University

ランキングが最も高い分野は「漁業」の11位、次いで「大気の質」が12位、「環境ヘルススコア」が14位、「衛生状態・飲料水」が17位である。1960年代には大気汚染や水質汚染がたびたび問題になったが、その対策の効果などもあって、生活まわりの環境は世界的に見て良好なグループに属している。

それに対し、「汚染物質の排出」は63位、生態系を守るための取り組みなどの「**エコシステム（生態系）サービス**」は59位と大きく見劣りする。課題があるとはいえ、全体で12位というのは決して低い評価ではなく、米国が24位、中国が120位であることを踏まえれば、環境面では健闘している面もあると言えるだろう。

SDGs対応18位——気候変動の具体的対策ではイエローカード

サステナブルな取り組みに関しては、英国のケンブリッジ大学が国連の掲げるSDGs目標に沿った取り組みを国別に指数化して公表している。2021年版の「サステナブル・デベロップメント・リポート」によると、最も評価が高いのはフィンランドで、スウェーデン、デンマークが続き、日本は18位である（表24）。

より細く見てみると、日本で目標が達成されていると評価されたのは「質の高い教育をみんなに」「産業と技術革新の基盤をつくろう」「平和と公正をすべての人に」の3項目で、それらはいわば合格である。

エコシステム（生態系）サービス
一般に、きれいな水を提供されることなど、人々が自然から得られる利益を意味しており、気候変動関連用語としては野生生物の保護など生態系を守るための取り組みを指す。国連がこの機能を重視し、ミレニアム生態系評価と呼ばれる枠組みで、対象を特定し、保護強化を訴えている。

一方で大きな課題ありと評価されたのは「ジェンダー平等を実現しよう」「気候変動に具体的な対策を」「海の豊かさを守ろう」「陸の豊かさも守ろう」「パートナーシップで目標を達成しよう」で、これは不合格扱いである。

とりわけ「気候変動で具体的な対策を」で、大きな課題ありとされたのは痛い。そ

表24　SDGインデックス・スコア

順位	国	評点
1	フィンランド	85.9
2	スウェーデン	85.6
3	デンマーク	84.9
4	ドイツ	82.5
5	ベルギー	82.2
6	オーストリア	82.1
7	ノルウエー	82.0
8	フランス	81.7
9	スロベニア	81.6
10	エストニア	81.6
18	日本	79.8
32	米国	76.0
57	中国	72.1

日本の詳細評価

	項目	評価
1	貧困をなくそう	B
2	飢餓をゼロに	C
3	すべての人に健康と福祉を	B
4	質の高い教育をみんなに	A
5	ジェンダー平等を実現しよう	D
6	安全な水とトイレを世界中に	B
7	エネルギーをみんなに、そしてクリーンに	C
8	働きがいも経済成長も	B
9	産業と技術革新の基盤をつくろう	A
10	人や国の不平等をなくそう	C
11	住み続けられるまちづくりを	B
12	つくる責任つかう責任	C
13	気候変動に具体的な対策を	D
14	海の豊かさを守ろう	D
15	陸の豊かさも守ろう	D
16	平和と公正をすべての人に	A
17	パートナーシップで目標を達成しよう	D

（注）A・SDG achieved, B・challenge remain,
C・significant challenges, D・major challenges
（出所）「SUSTAINABLE DEVELOPMENT REPORT 2021」Cambridge, Jeffrey Sachs, Christian Kroll, Guillame Lafortune, Grayson Fuller and Finn Wolem 2021

れは政府の気候変動政策へのイエローカードであり、国際的な印象はよくない。

すべての人に目配りする社会的包摂（ソーシャル・インクルージョン）が達成されているかどうかについては、米カリフォルニア大学バークレイ校が、「2020インクルーシブネス・インデックス」として発表している（表25）。

同インデックスは、包摂的で、公正で、持続可能な社会への障害が起きやすい分野として、政治的な代表性、所得格差、差別、投獄率、移民政策などをピックアップ。その状況などをもとに、各国のインクルーシブの程度を出している。

最も評価が高いのはオランダで、ニュージーランド、スウェーデンが続き、日本は24位にとどまっている。カテゴリーとしてはインクルーシブが「高い」27国のなかに位置付けられているものの、ぎりぎり滑り込んだ位置だ。

これまで日本はGDPの規模を重視してきたが、先行きGDPの大幅な増加は見込みにくく、米中との距離は広がるばかりだ。グリーンやサステナブルといった新しい経済をにらんだ質的転換が求められる段階に入るが、新しい価値観では北欧をはじめ

表25　インクルーシブネス・インデックス

順位	国	（トップを100とした評点）
1	オランダ	100
2	ニュージーランド	83.59
3	スウェーデン	83.04
4	ノルウェー	80.78
5	ポルトガル	74.89
6	アイルランド	72.64
7	英国	70.74
8	フィンランド	69.28
9	カナダ	68.52
10	デンマーク	67.57
24	日本	59.59
80	米国	40.61
99	中国	32.52

（出所）「2020 Inclusiveness Index, Annual Report」Othering & Belonging Institute at UC Berkeley

とする欧州勢に先を越された。旧秩序の経済力でも、新秩序のグリーンなどの質でも、世界をリードする一流国とは見られなくなりつつある。

4 グリーン市場ランキング

東京は13位、競争力の7位より見劣り

金融面に絞ると、新しい基準で、日本はどう評価されるのか。実は、新しい基準によるランク付けの試みがすでに始まっている。

これまで利益を追求する銀行の行動をもとに、それが集積する金融センターが評価されてきた。問われたのは取引の規模、金融機関が利益を追い求めやすい規制環境、金融機関への高度人材の提供可能性などだった。

それにもとづく評価は英国のシンクタンク「Z/Yen」が、市場の競争力ランキングとして継続的に発表してきた。ロンドンやニューヨークがトップを争ってきたが、最近は英国のEU離脱が影響して、ニューヨークが世界一の金融市場として君臨している。

東京はかつて、ロンドン、ニューヨークに次ぐ位置につけていたが、近年はシンガポール、上海、香港、北京に抜かれ、世界で7位がほぼ定位置である。アジアのなか

Z/Yen
1994年に設立された、英国の商業シンクタンク。市場調査に強みがあり、グローバル金融センター指数、グローバル・グリーン・ファイナンス指数などを算出、発表している。金融サービスやテクノロジー分野でのコンサルティング業務も手掛けている。

で5位というのが実態で、ロンドン、ニューヨーク、東京が世界の三極と言っていた時代は完全に過去のものになっている。

これまでの競争力を重視したランキングはいまの実力を表すものであるが、経済は2050年のネット・ゼロ達成に向けて大きく舵が切られようとしている。金融も対応が迫られ、その準備ができているかどうかが、将来の金融市場の価値を決めると見られるようになってきた。

競争力ランキングを出してきた「Z／Yen」は、2018年から、そうした新しい価値に対応するグローバル・グリーン・ファイナンス指数（GGFI）を公表し始めた。

新しい指数は「特定の金融センターの活動が温暖化ガス排出削減にどのように貢献しているか」「ESG開示に関する金融センターの取り組みと成果」「グリーン・ファイナンスの取引および規制環境など」「ビジネス改善指数（世界銀行）、政府の有効性評価（世界銀行）、腐敗認識指数（トランスペアレンシー・インターナショナル）などのグローバル・データ」を重視するとともに、オンラインアンケートで調べた「金融センターのグリーン・ファイナンスの提供の深さと質がどのように認識されているか」も加味して、市場を評点している（表26）。

2021年4月に発表した評点（GGFI7）によると、評価トップはオランダのアムステルダムで、スイスのチューリヒ、英国のロンドン、ノルウェーのオスロ、米国のサンフランシスコなどが続く。環境問題に積極的に取り組んできた欧州の金融市場の評価が高くなっている。

それに対して、東京は13位にとどまっている。東京は競争力をベースにした、いまの実力のランキングは7位だが、新しい時代に対応した評価では、大きく順位を落とす結果となっているのだ。

唯一の救いは、競争力ランキングでは東京がアジアで5位だったが、新しい時代対応の指数ではアジアでトップに立っていることだ。アジアの主要市場の順位は、北京が14位、上海が17位、シンガポールが20位、ソウルが22位、広州が22位、深圳が28位、大阪が30位、香港が40位。アジアに限れば、グリーンな東京市

表26　グリーン金融センターランキング

順位	グリーン金融センター	金融センター
1	アムステルダム	28
2	チューリヒ	10
3	ロンドン	2
4	オスロ	70
5	サンフランシスコ	12
6	ルクセンブルク	17
7	ジュネーブ	20
8	コペンハーゲン	34
9	ストックホルム	31
10	ロサンゼルス	13
11	パリ	25
12	ヘルシンキ	56
13	東京	7
14	北京	6
15	ミュンヘン	49
16	ブリュッセル	37
17	上海	3
18	シドニー	18
19	モントリオール	27
20	シンガポール	5
31	ニューヨーク	1
40	香港	4

（出所）「The Global Green Finance Index 7」April 2021,「The Global Financial Centres Index 29」March 2021, Z/YEN GROUP

場が売り物になるかもしれないとの期待を抱かせる。

しかし、油断は禁物だ。新しい指標では、東京の評価点は、追う北京などと大きな差があるわけではない。実際、この新しい指標が開発された初期の2018年9月のインデックスでは、東京は29位で、上海、北京、ソウル、深圳、シンガポールの後塵を拝していた。それらの市場がグリーン・ボンドの発行や引受けで頑張れば、この分野で東京のアジアでトップの地位は安泰ではない。

サステナブル投資の後れ鮮明

サステナブルな投資組織の連合である**グローバル・サステナブル・インベストメント・アライアンス（GSIA）**が2021年にまとめた「20年の国際持続可能投資レビュー」によると、20年の世界のサステナブル投資産業による運用資産額の合計は35兆3000億ドルで、前回調査の18年に比べ15%伸びている。

レビューは欧州、米国、カナダ、オーストラリア、日本に関して、サステナブル投資の運用額全体に占める比率の変化を分析している。2020年の比率が最も高いのはカナダの61・8%で、欧州、オーストラリア、米国が続き、日本は最低の5位となっている。日本のサステナブル投資の全運用資産に占める比率は24・3%で、4位の米国の33・2%からかなり離されている。

グローバル・サステナブル・インベストメント・アライアンス（GSIA＝世界持続可能投資連合）
欧州サステナブル投資フォーラム（EUROSIF）、米サステナブル・アンド・レスポンシブル・インベストメントなど世界の持続可能な投資の普及団体が立ち上げた国際組織。持続可能な投資の普及と啓蒙に取り組み、グローバルなサステナブル投資の地域別シェアを見ると、米国が最大でシェアは48%、それに欧州の34%が続いている。日本は8%と5地域中3位となっているものの、2位の欧州との開きは大きい。

GSIAはサステナブル投資の戦略として「インパクト・コミュニティ投資」「ポジティブ・ベストイン・スクリーニング」「サステナビリティ・テーマ型」「国際規範にもとづくスクリーニング」「企業エンゲージメント」「ネガティブ・除外スクリーニング」「ESG統合型」の7つを挙げている。日本で一定の実績があると見られているのは「企業エンゲージメント」だけだ。

日本の金融業界ではグリーン投資やサステナブル投資の商品が投入されるようになってきたが、質量の両面において、先行する欧米からは大きな後れを取っている。

5　石炭火力関連株排除の勧め——迫られる日銀の決断

日銀の気候変動対応資金供給

グリーンやサステナブルな金融への対応が遅れがちだった日本でもキャッチアップの模索は始まっているが、課題は多い。

日銀は2021年7月に、気候変動対応を支援するための資金供給の骨子素案を発

2012年から隔年で世界持続可能投資報告をまとめている。日本からは日本サステナブル投資フォーラム（JSIF）がメンバーになっている。

表した。銀行などが気候変動に資するグリーン・ローンやサステナビリティ・リンク債の購入などの投融資を実施した場合、日銀が銀行に対して、差し入れられている担保を利用して、無利子で資金を貸し付ける――バックファイナンスする――という内容だ。

総裁の黒田東彦は「ミクロの資源配分への具体的な関与を避けながら、金融政策面で気候変動への対応を支援する、新たなアプローチだ。欧州の中央銀行で議論されている対応は、気候変動の影響を勘案して、社債の買い入れ方法や担保の取り扱いに差を設けることが念頭に置かれているが、日本では気候変動対応に関する基準などをめぐる議論が流動的で、市場中立性に配慮する観点から検討すべき点が多い。この点、今回導入する資金供給制度は、何が気候変動対応に資する投融資かという見極めを金融機関の自主的な判断に委ねることで、変化する企業の資金ニーズに柔軟に応えることができる仕組みだ」と説明している。

ごもっともな説明に見えるが、腑に落ちない点もある。

そもそも、日銀の気候変動資金貸付は、通常の日銀貸し付けより、適用金利を優遇するもので、事実上、金利優遇分を金融機関に補助する一種の補助金政策だ。これはそもそも、政府や日本政策投資銀行など政府系金融機関が担うべき政策で、中央銀行の主たる役割ではない。

中央銀行に余裕があるのなら、他の補助金を出す主体と連携したり、政府によるほかの類似政策と調整したりしたうえで実施することに意味はある。ただ今回、日銀がほかの補助金や制度との整合性について、それぞれの所管官庁と深く協議した形跡はない。

例えばグリーン融資を進めるなら、金融庁が融資規制で一定の水準での実施を義務付け、それを超えた場合に日銀が優遇するなどといった工夫を凝らした方が、全体としてのグリーン化は進められるだろう。首相官邸を向いて、官庁や日銀がばらばらに政策を進めれば、対象が偏り、結果的に幅広い効果が期待できなくなる恐れがある。

しかも、日銀の場合は、本来の使命である2％の物価目標を8年も達成できていない。補助金行政に与《くみ》する余力があるのなら、本来の使命達成にもっと努力すべきだろう。

問われる日本最大の株式投資家としての責任

気候変動対策で日銀が直面しているのは、グリーン、脱炭素などに対応した資産購入の見直しである。日銀は上場投資信託（ＥＴＦ）を通してではあるが、企業の株式に投資している。

欧州中央銀行（ＥＣＢ）は社債を購入しており、その購入について、よりグリーン・

ボンドなどグリーン資産を増やそうとしている。本来、日銀が検討すべきなのは、購入している株式資産をグリーンにすることだ。

実は、日本は2021年6月に開いたG7の気候変動・環境相会合（オンライン開催、議長国・英国）で「気候変動対策を支援するための適切な環境を整備し、気候変動を経済及び金融の意思決定プロセスに組み込む上で、すべての政府の政策や行動のみならず、官民のステークホルダーが変革をもたらす役割を持つことを強調する。（中略）排出削減対策が講じられていない石炭火力発電への政府による新規の国際的な直接支援の全面的な終了に向かっていく具体的なステップを21年中にとることをコミットする」ことで合意している。

それに向けて動員が期待されているのは官民のあらゆる資金の流れで、日銀の資金も例外ではあり得ない。メガバンクはしぶしぶかもしれないが石炭火力発電向け融資からの撤退を打ち出しており、いまや環境NGOがターゲットにすべきなのはメガバンクより、日銀かもしれない。具体的に考えられるのは、購入対象から、石炭火力発電を利用し続け、廃止を計画していない電力会社の株式を外すといった措置だ。

前述した通り、ノルウェーのソブリン・ウエルス・ファンドは、一定の基準を設け、それに合致しない企業は投資対象から外しており、除外企業には中国電力、北陸電力などが入っている。

Ｇ７の趣旨を踏まえ、本当にサステナブルな世界を目指しているのなら、ＥＴＦだからと全銘柄を買うのではなく、サステナブルな基準で買うとか、最低限サステナブルでない会社を除外するといった工夫が必要だ。

ＥＴＦ購入――中立配慮の詭弁

黒田の説明のなかで、その点に関連して、市場中立性に配慮して、ミクロの資源配分への具体的な関与を避けるとの趣旨の弁明があるように見受けられる。

しかし、そもそもＥＴＦ購入は上場企業の株式だけを購入対象にしており、中小企業も含む本来求められる中立性を逸脱した異様な政策である。

経済危機の際に、株式市場の崩壊を防ぐために中央銀行が介入することは正当化されるが、一時的に30年ぶりの株価水準などと市場が浮かれているなかで、政策の正当性は極端に薄れている。説得力の乏しい中立性を理由に、Ｇ７の合意に背を向けることはあってはならない。

日銀の株式保有額は２０２１年3月末時点で51兆円と、年金積立金管理運用独立行政法人（ＧＰＩＦ）を上回り、日本最大となっている。金融政策の一環として購入しているとはいえ、日銀が日本最大の株式投資家になっているのだ。

世界的にネット・ゼロを目指し、官民を問わず投資の際にサステナブルやＥＳＧの要素を考慮するのが望ましい姿と考えられるようになるなかで、最大の株式投資主体が脱炭素への資源配分に背を向け続ければ、日本の姿勢自体が問われかねない。

日銀が株式を購入したのは別の目的かもしれないが、購入を始めた以上、投資家としての責任が発生する。ネット・ゼロ時代に最大の株式投資家が果たすべき責任は何かを、よく考えるべきだろう。

6　銀行をサステナブル・ファイナンスに向かわせるために

西村要請の衝撃――優越的地位利用の時代錯誤

ネット・ゼロの社会に向けて、サステナブル・ファイナンスの主な担い手となる銀行の役割は大きい。融資のさじ加減次第で、ネット・ゼロが近づいたり、逃げ水のように遠ざかったりする。

パリ協定の目標は地球の環境保全には最低限必要なレベルであるとはいえ、現状からかなり距離があり、達成しようとすると当局による規制が必要になる。規制緩和、自由化の流れは、この面では修正を余儀なくされる。

ただ、銀行の社会に対する影響は大きく、規制に当たっては、それがもたらす副作用などへの配慮も欠かせない。

新型コロナウイルスの感染が拡大していた2021年7月8日に、経済再生担当相の西村康稔が所管する内閣官房の新型コロナウイルス感染症対策本部室長名義で「貴府省庁が所管する金融機関等が、融資先等の事業者等に対し（中略）新型コロナウイルス感染症対策の徹底を働きかけていただきますよう、よろしくお取り計らいをお願いします」とする依頼文書が出されていたことが明らかになった。新型コロナ対策で酒類の提供停止に応じない飲食店に対して、取引金融機関から働き掛けさせようとするものである。

政府や与党の関係者が飲酒を伴う会食をしたり、東京五輪を強行開催したりするなか、酒類提供禁止でぎりぎりの経営を強いられた居酒屋などが政府の要請に従わなくなっていた。そもそも、酒類の提供と、感染拡大にどれだけ有意の関連性があるかどうかは示されておらず、内閣官房関係者も「日本のコロナ対策は科学的根拠にもとづくものではない」と認めるほど。本来必要なコロナ専門病院の開設はわずかで、政府、東京都の対応に不審の目が向けられている。

にもかかわらず西村は、金融機関を動員して、居酒屋などを廃業や倒産に追い込みかねない酒類提供禁止圧力を強めようとした。居酒屋などに融資している金融機関は、融資を背景に、その居酒屋に対して強い発言力を行使できるため、それを政策遂行に利用しようとしたのだ。

しかし、それは取引上、優越的地位にある者が、取引先に対して不当に不利益を与える優越的地位の乱用であり、独占禁止法によって不公正な取引方法の一類型として禁止されている。内閣官房からの要請は、法的根拠がないだけでなく、法律に抵触する恐れのある行為の要請だった。

しかも、この要請に関して、内閣官房は金融機関を監督する立場にある金融庁と事前調整していたことが明らかになっている。監督官庁が監督者という上からの強い立場を利用して、法律に抵触しかねない行為を銀行に求めようとしていたわけだ。

銀行は融資を実施することで、優越的な地位に立てる。かつては融資を受けた企業の社長が、融資した若い銀行員を料亭で接待し、銀行員が床の間を背に横柄な態度で、社長に意見するなどといった光景も見られた。要請は、そんな昔ながらの銀行の悪弊を利用しようとしたとんでもない行為であり、猛然と批判され、撤回する羽目になった。

稚拙な行政スタイルは、政府への信頼を低下させた。結果として若者や居酒屋などに感染拡大防止に協力しようという気力を失わせ、新型コロナウイルスの感染の急激な拡大を招いた。

国民の納得感不可欠——必要な科学的裏付け

ネット・ゼロ社会を目指すに当たっては、銀行がまっとうに取り組める環境整備が急務だ。

まじめに取り組む金融機関もあるが、取り組みを装うだけのグリーン・ウォッシングが後を絶たないなかで、この面では政府が規制色を強めざるを得ないというのが、グローバルなコンセンサスになろうとしている。

ただ、規制は強権を発動すればいいというものではない。ネット・ゼロを目指すには、人々の行動をその方向に変えてもらう必要がある。人々の協力が得られなければ、目標は達成できない。

そのためにまず必要なのは、ネット・ゼロ社会に向かう人々の納得感を獲得することだ。政府は科学的な裏付けをわかりやすく示しながら、ネット・ゼロに向けての取り組みが必要なことを国民に示さねばならない。

パリ協定を受けて、何がそれに合致し、何が合致しないのかの線引きは不可欠の要素だ。欧州連合や中国が、専門家を動員し、時間をかけてタクソノミー（分類学）に取り組んだのはそのためだ。地味な取り組みに見えるが、これなしには環境対策は進められない。

そのうえで、最低限必要な規制については、全体的な経済システムに配慮しながら導入しなければならない。

銀行に一定の規制を導入する際には、銀行が経済維持のために果たしている重要な機能を極力阻害しないように制度設計する必要がある。銀行に圧力をかけすぎれば、それこそ優越的な地位を乱用して、現在銀行が実施している融資の引きあげなどを招きかねない。

中期的な視点で脱炭素の目標を妨げるような融資の削減を指導するとともに、そこに特化していたような貸し先に対しては業容変更の助言や支援をする政策と合わせて、規制の在り方を考えていかねばならない。

政策や規制はサステナブルか

最も重要なことは、政府の政策や規制もサステナブルであることだ。

ネット・ゼロ社会の構築は、長い道のりだ。政府はすぐに目に見える政策効果を重視しがちだが、サステナブルな社会をつくる取り組みはすぐに着手する必要があるものの、取り組みは中長期に及び、効果は早くても数年先にならないと見えてこない。国民から信頼を得て、その協力を取り付けられることが必要で、そのためには協力を引き出すサステナブルな政策が求められる。

例えば、前述のような新型コロナ対策で酒類の提供停止に応じない飲食店に対して取引金融機関から働き掛けさせようとした内閣官房・金融庁の試みは、緊急事態に関する法律を改正したうえで実施されていれば、正当化されたのだろうか。独裁的な手法も、法律を改正しながら、合法化していけば、短期的な目標達成に役立つと考える人がいるかもしれない。

それは合法かもしれないが、銀行が優越的な地位を背景に資金面から圧力をかける陰湿極まりない仕組みは果たしてサステナブルだろうか。いつ資金を止められるかわからないような状況で、規制に従わせるという手法は、民主主義国家のやり方ではない。

しかし、そんな規制の発動に違和感を抱かず実施しようとした政治家や官僚がいて、銀行が巻き込まれそうになったのは事実だ。コロナ禍で科学的根拠も示さず、対応病棟の大幅増設にも取り組まず、国民に外出などの自粛だけを呼びかけてきた感染症の専門家が、効果が出ないからと、法改正によって私権制限につながるロックダウンを求める場面もあった。

私たちは、自らの行動がサステナブルな社会づくりに合致しているかどうかをチェックするとともに、国や政治の在り方がサステナブルかどうかにももっと目を向ける必要がある。目指すサステナブルな社会は、独裁的な手法でサステナブルを装った国家への道であってはならない。

個人も、銀行も、国も、ネット・ゼロ社会に向けて、目先の自らの豊かさだけではなく、すべての人が豊かさを持続できることを重視する意識改革が求められている。

＊　＊　＊

小学生のとき、隣の府である大阪府の吹田・千里丘陵で開かれていた万国博覧会を何度も訪れた。テーマは「人類の進歩と調和」。アポロ宇宙船が持ち帰った「月の石」だけでなく、自然や環境への配慮も重視された。いま振り返って考えてみると、そこで理念として目指そうとしていたのは、まさにサステナブルな社会である。

晴れた日には光化学スモッグ注意報が発令され、校庭での体育の授業が取りやめになるなど、「調和」を意識せざるを得ない時代でもあった。万博は、環境保全の原則を示したストックホルムでの国連人間環境会議の2年前に開かれており、テーマに「調和」を盛り込んだのは、それなりの見識だった。

半世紀余りを経て、大阪で再び万博が計画されている。掲げられたテーマはコロナ禍も踏まえて「いのち輝く未来社会のデザイン」。2025日本国際博覧会（略称「大阪・関西万博」）の基本計画は「国連が掲げるSDGsへの取り組みは万博の意味でもあり、SDGsの本質はいのちを起点に様々な課題を紡いでいく試みだ」としているが、説得力は感じられない。

時流に合わせたキャッチコピーをつくる能力は磨き上げられ、ここそこに「高い理念」が掲げられている。しかし、テーマなどとして掲げられる言葉は軽くなり、口先だけの約束が横行している。

行政や政治が発する言葉に重みがあった前回の万博の後でさえ、日本は「進歩」に大きく舵を切り、「調和」はその影に隠れていき、いま、調和のために欠かせない環境対応で、日本の評価は決して高くない

そして、次の万博の後には、会場の此花区・夢洲《ゆめしま》にカジノの誘致が検討されている。SDGsをうたいながら、カジノを企図するのは、なかなかシュールな光景だ。

問われているのは、「進歩と調和」がその後生かされたかどうかの総括と、半世紀の間に日本がどれだけ成熟したかだろう。掲げた言葉の重みと、それを、責任をもって果たす覚悟が求められている。サステナブルな社会をつくるというのは簡単なことではない。

Environmental Law & Policy, The Center for International Earth Science Information Network (2020)
- 2020 Inclusiveness Index, Othering & Belonging Institute at UC Berkeley (March 2021)
- Briefing on Sustainable Finance Policy in JAPAN, PRI (October 2020)
- Fragile Planet 2020 Scoring climate risks: who is the most resilient, Ashim Paun, Lucy Acton and the Global Research team, HSBC (January 2020)
- The Global Green Finance Index 7, Long Finance Z/Yen (April 2021)

change?, Otso Manninen, Nea Tiililä (13 July 2020)
- EBA advises the Commission on KPIs for transparency on institutions' environmentally sustainable activities, including a green asset ratio, EBA (1 March 2021)
- Technical Report on SDG Financial Taxonomy (China) CICETE, UNEP (June 2020)
- Guidelines for Establishing the Green Financial System, The People's Bank of China, The Ministry of Finance, National Development and Reform Commission, The Ministry of Environment Protection, China Banking Regulatory Commission, China Securities Regulatory Commission and China Insurance Regulatory Commission (August 31 2016)
- Establishing China's Green Financial System:progress Report 2017, International Institute of Green Finance-Central University of Finance and Economics (2017)
- Notice on Issuing the Green Bond Endorsed Projects Catalogue (2021Edition) , PBOC, NDRC, CSRC (2021)
- 银行业金融机构绿色金融评价方案，中国人民銀行 (June2021)

【第7章】

- The Bank Business Model in the Post-Covid19 World, Xavier Vives, Elena Carletti, Stijn Claessens and Antonio Fatá (18 June 2020)
- Banks as Lenders of First Resort: Evidence from the COVID-19 Crisis, Lei Li, Philip E. Strahan & Song Zhang (May 2020)
- Covid-19, cash, and the future of payments, Raphael Auer, Giulio Cornelli and Jon Frost (3 April 2020)
- COVID-19 and non-performing loans: lessons from past crises, Anil Ari, Sophia Chen, and Lev Ratnovski (May 2020)
- Restriction of Banks' Capital Distribution during the COVID-19 Pandemic (Dividends, Share Buybacks, and Bonuses) , Rachid Awad, Caio Ferreira, Aldona Jociene, and Luc Riedweg (7 July 2020)
- Sustainable Development Report 2021, Jeffrey D. Sachs, Christian Kroll, Guillaume Lafortune, Grayson Fuller and Finn Woelm (2021)
- Environmental Performance Index 2020, The Yale Center for

・Sustainable finance: Commission's Action Plan for a greener and cleaner Economy, European Commission (8 March 2018)
・Action Plan: Financing Sustainable Growth, European Commission (8 March 2018)
・Commission puts forward new strategy to make the EU's financial system more sustainable and proposes new European Green Bond Standard, European Commission (6 July 2021)
・Annual report, Network for Greening the Financial System (March 2021)
・Climate Change and Monetary Policy Initial takeaways, Network for Greening the Financial System (June 2020)
・The green swan Central banking and financial stability in the age of climate change, Patrick Bolton-Morgan Despres-Luiz Awazu Pereira Da Silva Frédéric Samama-Romain Svartzman, BIS (January 2020)
・The embrace of the horizon: Forcefully moving with the changing tide for climate action in financial sector policies, Frank Elderson (3 June 2021)
・Climate Change, Financial Stability and Monetary Policy, Yannis Dafermos, Maria Nikolaidi, Giorgos Galanis (2018)
・Weidmann and Mauderer: Protecting the climate a hugely important topic for central banks, Deutsche Bundesbank (29 October 2019)

【第6章】

・Remarks for the panel discussion at the BIS-BdF-IMF-NGFS Green Swan 2021 Global Virtual Conference, Pablo Hernández de Cos Basel Committee (4 June 2021)
・The pricing of carbon risk in syndicated loans: which risks are priced and why?, Torsten Ehlers, Frank Packer and Kathrin de Greiff, BIS (June 2021)
・Climate-related financial risks-measurement methodologies, Basel Committee (April 2021)
・Tackling climate for real: progress and next steps, Andrew Bailey (3 June 2021)
・Greening finance for sustainable business, Valdis Dombrovskis (12 December 2017)
・Could the Green Supporting Factor help mitigate climate

・WHO Framework Convention on Tobacco Control, World Health Organization (2003)
・The Tobacco-Free Finance Pledge, Tobacco Free Portfolios (September 26th 2018)
・Guidance BSA Expectations Regarding Marijuana-Related Businesses, The Financial Crimes Enforcement Network (February 14, 2014)
・The Public Benefits of Banking Cannabis Businesses, American Bankers Association (July 2019)
・「日本の森を守る地方銀行有志の会」参加行と平成 21 年度活動計画について , 京都銀行 (平成 21 年 4 月 14 日)
・The International Model Forest Network, 2010 Annual Report (2011)
・FORESTS & FINANCE Bank Policy Assessment 2018, Rainforest Action Network, Tuk Indonesia, Profundo (2018)
・Keep Forest Standing 森林&人権方針ランキング2021, Rainforest Action Network (2021)
・Chinese banks'forest-risk financing Financial flows and client risks, Rainforest Action Network, TuK Indonesia, BankTrack, China Environmental Paper Network, and Jikalahari. (2021)

【第５章】

・Understanding and Preventing Greenwash:A Business Guide, Rina Horiuchi and Ryan Schuchard, BSR, Lucy Shea and Solitaire Townsend, Futerra (July 2009)
・The Greenpeace book of greenwash, Kneey Bruno (1992)
・IFC Exclusion List (30 July 2007)
・Recommendation concerning whether the weapons systems Spider and Intelligent Munition System (IMS) might be contrary to international law, the Advisory Council on Ethics for the Norwegian Government Petroleum Fund (20 September 2005)
・Annual Report 2020, Council on Ethics for the Norwegian Government Pension Fund Global (March 2021)
・Proposal for a disclosure task force on climate-related risks, FSB (November 2015)
・Recommendations of the Task Force on Climate-related Financial Disclosures, TCFD (June 2017)

planet, Facing Finance (December 2020)
・Bankrolling Plastics, Portfolio Earth (2021)
・Banking on CLIMATE CHAOS Fossil Fuel Finance Report 2021, Rainforest Action Network, Banktrack, Indigenous Environmental Network, Oil Chance, Reclaim Finance, Sierra Club (2021)
【第４章】
・Guiding Principles on Business and Human Rights: Implementing the United Nations “Protect, Respect and Remedy” Framework, United Nations (2011)
・Uyghurs for sale ‘Re-education’, forced labour and surveillance beyond Xinjiang, ASPI’s International Cyber Policy Centre (ICPC) , Vicky Xiuzhong Xu (2020)
・Banking with Principles? Benchmarking Banks against the UN Guiding, Principles on Business and Human Rights, Banktrack (December 2014)
・The BankTrack Human Rights Benchmark 2019, Third Edition (November 2019)
・Human Rights Statement, ABN AMRO (2020)
・Dutch Banking Sector Agreement on international responsible business conduct regarding human rights, Sociaal-Economische Raad (October 2016)
・OMFIF Gender Balance INDEX 2021, OMFIF Sustainable Policy Institute (2021)
・Net Zero by 2050 A Roadmap for the Global Energy Sector, IEA (May 2021)
・Global Landscape of Renewable Energy Finance 2020, IRENA (2020)
・Financing and investment trends The European wind industry in 2020, Wind Europe (April 2021)
・Reclaiming the US Solar Supply Chain from China By Jeff Ferry, Chief Economist – Coalition for a Prosperous America (March 2021)
・Sustainable Debt Global State of the Market 2020, Climate Bonds Initiative (April 2021)
・Green Bond Market Summary Q3 2020, Climate Bonds Initiative (November 2020)

・Maya Declaration the Alliance for Financial Inclusion (30 September 2011)
・UN Guiding Principles on Business and Human Rights Discussion Paper for Banks on Implications of Principles 16-21, The Thun Group of Banks (October 2013)
・Paper on The Implications of UN Guiding Principles 13b & 17 in a Corporate and Investment Banking Context, The Thun Group of Banks (2017)
・Poseidon Principles A global framework for responsible ship finance, Poseidon Principles (June 2019)

【第３章】

・Inquiry into the Supervision of The Bank of Credit and Comerce International, Lord Justice Bingham (October 1992)
・International Convention for the Suppression of the Financing of Terrorism, United Nations (1999)
・Dirty Profits7 Out of Control: Irresponsible weapons transfers and future weapon systems, Facing Finance (2019)
・Shorting our security-Financing the companies that make nuclear weapons, ICAN, PAX (June 2019)
・The Exploitation of the Global Financial Systems for Weapons of Mass Destruction (WMD) Proliferation, Togzhan Kassenova (March 4 2020)
・Nuclear Banks, No Thanks Banktrack, Greenpeace, Urgewald, Les Amis de la Terre, Antiatom Szene, Wise, Campagna per la riforma della Banca Mondiale (May 2010)
・消費者信用業界の近代化に向けて――参考資料集
消費者信用スタディ・グループ (2006)
・Banking on Gambling: Banks and Lottery-Linked Deposit Accounts, Mauro F. Guillén, The Wharton School University of Pennsylvania (April 2000)
・韓 載香「「在日企業」と民族系金融機関：パチンコホールを事例に」東京大学ＣＯＥものづくり経営研究センターディスカッションペーパー (2007年6月)
・Vulnerabilities of Casinos and Gaming Sector, FATF (March 2009)
・Ocean Plastics Charter, Government of Canada (2018)
・Dirty Profits 8 Plastic Profits:Disposable plastics, indispensable

resolution 55/2 (8 September 2000)
・Transforming our world: the 2030 Agenda for Sustainable Development, United Nations (21 October 2015)
・The Materiality of Social, Environmental and Corporate Governance Issues to Equity Pricing, The United Nations Environment Programme Finance Initiative (UNEP FI), Asset Management Working Group (June 2004)
・A legal framework for the integration of environmental, social and governance issues into institutional investment The Asset Management Working Group of the UNEP Finance Initiative (October 2005)
・What is Pro-poor Growth? Nanak Kakwani and Ernesto M. Pernia Asian Development Bank (2000)
・An Update on JPMorgan Chase's Response to COVID-19, Jamie Dimon Chairman and CEO, JPMorgan Chase & Co. (May 19 2020)

【第２章】

・Nefco Environmental and Sustainability Guidelines (27 September 2017)
・The World Bank and the Environment A Progress Report Fiscal 1991 (September 1991)
・エクエーター原則／赤道原則　プロジェクトにおける環境・社会リスクを特定 , 評価 , 管理するための金融業界基準 , エクエーター原則／赤道原則協会 (2020 年 7 月)
・"Trust Us, We're Equator Banks"Part II: the adequacy and effectiveness of grievance mechanisms and stakeholder engagement under the Equator Principles, Banktrack (November 2020)
・プライベートバンキング業務における国際マネーロンダリング防止原則 , ウォルフスバーグ・グループ (2002)
・テロリズム金融の抑止に関わるウォルフスバーグ声明 , ウォルフスバーグ・グループ (2002)
・Case study Enabling mobile money transfer The Central Bank of Kenya's treatment of M-Pesa, Alliance for Financial Inclusion (February 2010)
・Report to the Leaders, Global Partnership for Financial Inclusion (November 5th 2011)

参考文献

【序章】

・A keynote speech delivered by HRH The Prince of Wales at theWorld Economic Forum in Davos, Switzerland (22 January 2020)
・CARBIS BAY G7 SUMMIT COMMUNIQUÉ Our Shared Agenda for Global Action to Build Back Better (13 June 2021)
・G20 Green Finance Synthesis Report, G20 Green Finance Study Group (5 September 2016)
・G20 Leaders' Communique, Hangzhou Summit (4-5 September 2016)
・Paris Agreement, United Nations Framework Convention on Climate Change (13 December 2015)
・気候変動に関する国際連合枠組条約京都議定書 (11 December1997)
・NGFS First Progress Report (October 2018)
・FINANCING A SUSTAINABLE EUROPEAN ECONOMY Final Report 2018 by the High-Level Expert Group on Sustainable Finance Secretariat provided by the European Commission (January 2018)
・The European Green Deal, European Commission (11.12.2019)

【第１章】

・*Silent Spring* (1962) (邦訳『沈黙の春』新潮文庫)
・ The Limits to Growth A Report for The Club of Rome's Project on The Predicament of Mankind, Donella H. Meadows, Dennis L. Meadows, Jorgen Randers, William W. Behrens III (1972)
・Economic Declaration, G7 (July 16, 1989)
・Climate Change, The IPCC 1990 and1992 Assessments (June 1992)
・Stern Review: The Economics of Climate Change (2006)
・Report of the World Commission on Environment and Development:Our Common Future, Gro Harlem Brundtland (20 March 1987)
・United Nations Millennium Declaration General Assembly

【著者紹介】

太田 康夫（おおた・やすお）

日本経済新聞編集委員

1959年京都生まれ。82年東京大学卒業、同年日本経済新聞社入社。金融部、チューリヒ（スイス）支局、経済部などを経て現職。主な著書に『金融大国日本の凋落』『地価融解』『金融消滅』『グローバル金融攻防三十年』（中国語版『全球金融攻防30年』経済科学出版社）『バーゼル敗戦』『ギガマネー巨大資金の闇』『没落の東京マーケット』『金融失策 20年の真実』『誰も知らない金融危機 LIBOR消滅』『日本銀行 失策の本質』『日本化におびえる世界』『中国の金融システム（監修）』『戦後復興秘録（共著）』（いずれも日本経済新聞出版）がある。

サステナブル・ファイナンス

二〇二一年十月二十二日　一版一刷

著　者――太田康夫

発行者――白石　賢

発　行――日経BP
日本経済新聞出版本部

発　売――日経BPマーケティング
〒一〇五‐八三〇八
東京都港区虎ノ門四‐三‐一二

組　版――CAPS

印刷・製本――中央精版印刷

ISBN978-4-532-35903-4

Printed in Japan

マネジメント・テキストシリーズ！